Isabelle Haccourt Vautier
& " À la Belle & Toiles "

Petit Grimoire

À BRODER

AU POINT DE CROIX

les éditions de saxe

Bouuuuhhh !!!

Sommaire

ange ta
ambre
?
OT DE PAS

ick or Tre
nbecs quo

Préface

Me revoilà de retour dans ce livre inattendu et plein de surprises, car vous pensiez peut-être bien me connaître… mais saviez-vous que je suis une sorcière ?

Halloween m'a fait peur très longtemps, les déguisements que l'on porte lors de cette fête ne sont pas tous très top, voire même horribles… Personnellement, j'ai toujours adoré les sorcières… mais les vraies, les simples, les souillons, les « pustulantes », les rieuses glauques (ça je l'ai déjà en moi, c'est naturel…). Bref, chaque année, je l'avoue, la nuit d'Halloween, je me transforme en Sorcière un peu dingue et chatouille de mon balai toutes celles et ceux qui croisent mon chemin…

La sorcellerie est dans ma famille depuis des générations : Mamy faisait tourner les tables et les chiffres, nous croyons depuis des lustres et lampadaires aux vertus des plantes, des pierres, et tirons les cartes… Alors, disons que nous avons des prédispositions et une bonne base pour exercer ce don étrange chaque 31 octobre.

Cependant il nous a fallu quelques cobayes ces dernières années pour nous améliorer. Nos amis et certains membres de la famille ont été légèrement bousculés… Vous les retrouverez d'ailleurs dans ce livre, tous vivants… mais pas tout à fait indemnes après avoir supporté nos drôles d'expériences.

Avec mon sorcier personnel « A la Belle & Toiles », nous avons mis à l'honneur nos convives sur fond de toiles colorées, histoire que cette fête soit plus folle et plus fun surtout.

Car Halloween est loin d'être horrible... Chez nous on ne meurt que de rire et on brode tout en couleur !
Voici donc l'histoire de notre grimoire familial à lire et à broder.

PS : Toute coïncidence ou ressemblance avec des personnages réels n'est ni fortuite ni involontaire. Et si vous vous reconnaissez, je n'en suis pas vraiment désolée...

Abracadabrament vôtre...

Isabelle Haccourt Vautier & A la Belle & Toiles

Les toiles A la belle & toiles

ALBE S2

(grise et verte ou grise et orange)

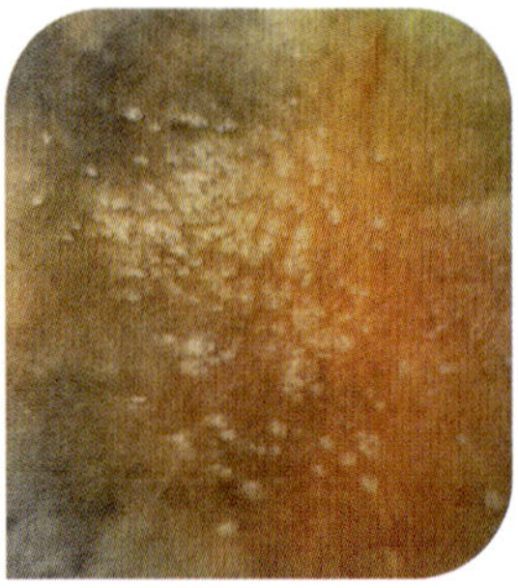

ALBE C1

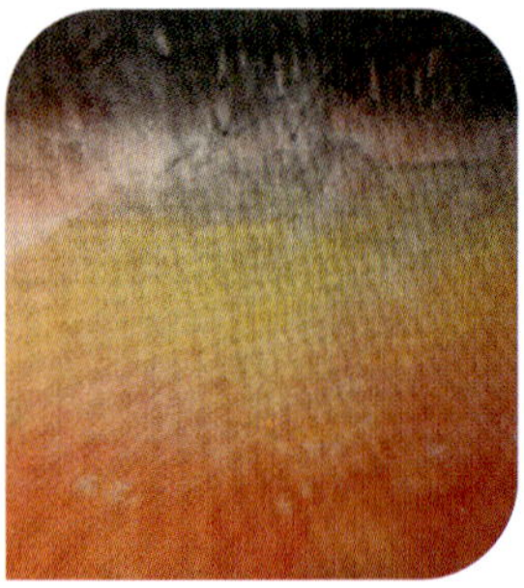

ALBE C1

(nuances orangées)

ALBE S3

ALBE C4

ALBE S3

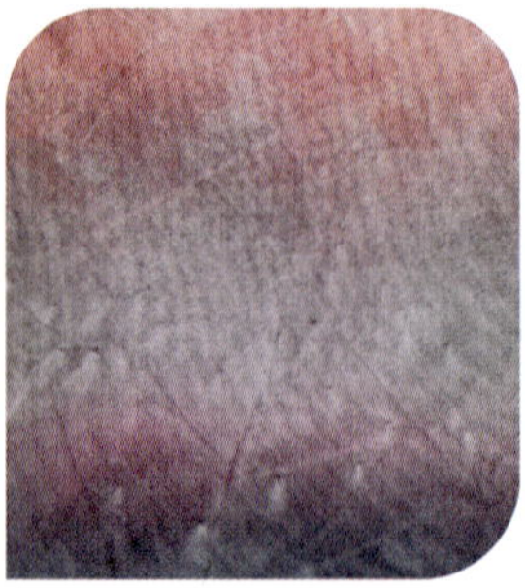

ALBE C1

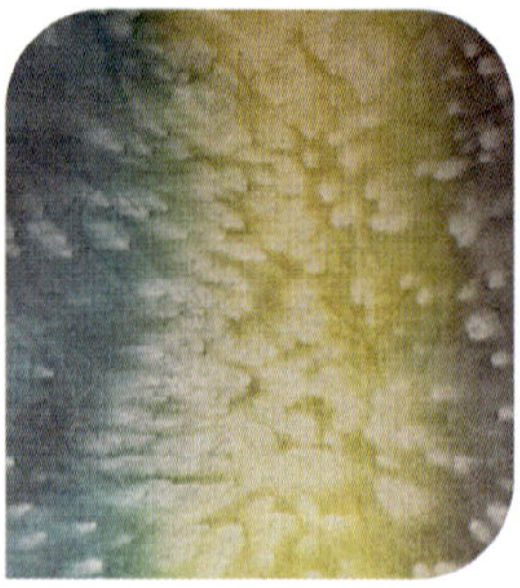

ALBE S2

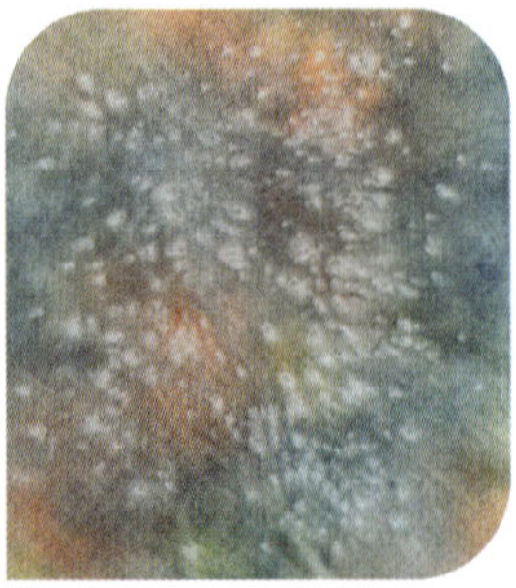

ALBE C4

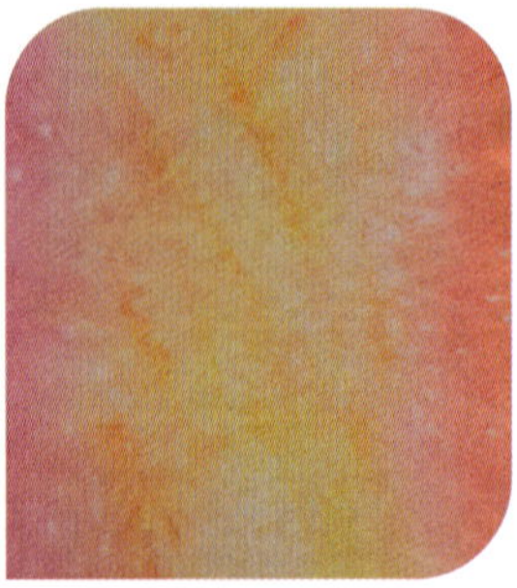

ALBE S3

ALBE S3

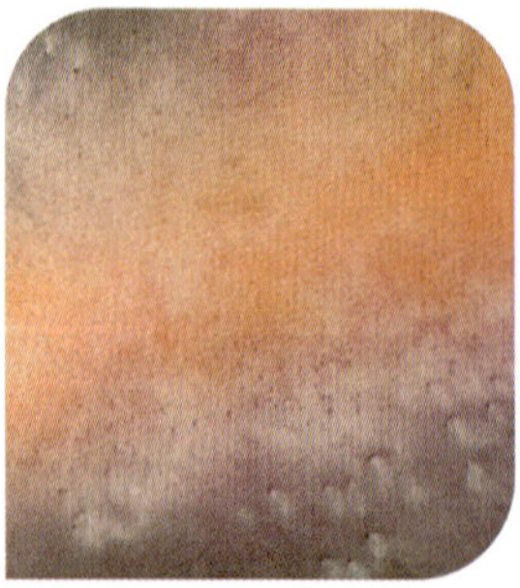

ALBE S3

ALBE S3

ALBE C1

ALBE C1

ALBE C4

Boutiques & Bonnes adresses

ALBE S3

CRÉATIONS ISABELLE HACCOURT VAUTIER (MON SITE INFOS ET SALONS)

site : http://www.creationsisahv.com
Boutique en ligne : http://www.creationsisahv.fr
Mail : isavautier@wanadoo.fr

ALBE S3

A LA BELLE & TOILES / JMI CHEMIN (TOILES PEINTES ARTISANALES)

Toiles uniques que vous trouverez dans la Boutique en ligne dans Collection « A la Belle & Toiles »
Boutique en ligne : http://www.creationsisahv.fr
Mail : alabellettoiles@gmail.com

ALBE C1

L'ATTRAPE CADRES (ARTISAN ENCADREUR)

Route d'ors
17480 Le Château d'Oléron
Tel : 05 46 76 44 04

AUVERGNE LASER (BOUTONS)

https://www.al63.fr/

THE CINNAMON PATCH (FEUTRINE)

https://www.thecinnamonpatch.com/

ALBE S3

TOILES ZWEIGART

Liste des dépositaires sur demande
Fronäckerstr. 50
D-71063 Sindelfingen
E-Mail : vente@zweigart.de

Lola Tarentulas

Quel drôle d'héritage, vous allez me dire, que nous avons offert à notre apprentie sorcière Lola !?
A l'aube de ses 5 ans, nous avons découvert sa phobie des araignées !!!!!! Mais quelle horreur pour notre famille !
L'araignée joue un rôle majeur, voire principal, dans notre lignée de sorcières ! Comment pouvait on imaginer un seul instant que notre fille en aurait la trouille !!!!
Eté 2019 : nous avons dû appeler à la rescousse, en stage d'été, notre grande Sorcière en chef Mauricette, pour la faire désenvouter... Pour son éducation phobique, nous avons dû investir dans une boutique en ligne de vente de tarentules, ce qui a plutôt pas mal marché...
Enfin, faut-il le dire vite, car la peur des araignées s'est transformée en peur des crabes de mer cette année ... Cette enfant va nous coûter cher en éducation, je crois.

Le saviez-vous ?

Pourquoi les araignées entrent-elles dans les maisons ?

L'araignée est signe de maison saine.
Ainsi, moins un jardin est pollué, plus il attire les araignées, friandes de biodiversité.
Quant à votre intérieur, ces petites bêtes sauront les nettoyer des mouches, moustiques ou autres cafards et blattes.

SPIDER SHOP
Mrs Lola
Tarentulas

Lola Tarentulas

Dimensions

- 99 × 135 points soit 18 × 24.5 cm sur une étamine à 11 fils au cm

Fournitures

- Toile ALBE S2 (toile peinte grise et verte ou grise et orange)
- Fil à broder mouliné DMC : 754 – 349 – 166 – 726 – 740
  310 – B 5200 – 352

Réalisation

Broder le motif sur la toile de lin en utilisant 2 brins de mouliné sur 2 fils de la toile pour le point de croix et 1 brin pour le point arrière.

X	PA	DMC
		166
	—	310
		349
		352
		726
		740
	—	754
		B5200

1

NOMBRE DE POINTS DU MOTIF

99 sur la largeur x 135 sur la hauteur
Dimensions du motif en 5,5 pts/cm :
18 x 24,5 cm

Lola Tarentulas

2

X	PA	DMC
		166
	—	310
		349
		352
		726
		740
	—	754
		B5200

Mrs Lola
Tarentulas

Chez Mamie Marcelle

Tout le monde le sait au Château, Mamie Marcelle est une rebelle aux traditions en tous genres !
Vous dites orange, elle dit vert ; rouge c'est noir ; oui c'est non...
C'est sa spécialité : la Contradiction !
Mais étant la doyenne de notre club de sorcellerie, nous lui allouons le respect.
Oh et puis une sorcière qui a du caractère c'est bien aussi !
Sorcière Marcelle a décidé que les chapeaux pointus n'étaient pas forcément la marque des bonnes sorcières... Si on doit reprendre l'expression « L'habit ne fait pas le moine », elle n'a pas entièrement tort !
De là à imposer des chapeaux plats à toutes, la Confrérie des Sorcières n'était pas du tout d'accord. N'en défrise Marcelle : Le chapeau pointu est, et restera, l'emblème de nos nuits des 31 Octobre.
Pour des raisons de rebellions intempestives, nous avons laissé à Marcelle le choix de rentrer dans son cadre en chapeau plat ; cela présente l'avantage de coûter moins cher en encadrement mais les pauvres araignées se plaignent de ne pas pouvoir laisser pendouiller leur toile à la pointe de celui-ci.
Question qui sera débattu en conseil d'Octobre 2020 : Pointu or not Pointu ?

Le saviez-vous ?

La sorcellerie est une religion, c'est pourquoi elle est si populaire et que le port d'un tel chapeau peut augmenter également le pouvoir de votre rituel.
Un chapeau de sorcière peut être fait de cuir, de velours, de fourrure ou de vinyle, ou bien encore dégoté un week-end dans une boutique ou sur un marché qui vend des chapeaux un peu fous.

Gardez à l'esprit que ces chapeaux appartiennent aux sorcières et que personne d'autre... ne peut les porter...
Et en tant que sorcière, c'est le vôtre, alors Essayez-le !

Je fais ce que je veux !
NON
aux
chapeaux
pointus !

Chez Mamie Marcelle

Dimensions

- 79 × 105 points soit 14,3 × 19,1 cm sur une étamine à 11 fils au cm

Fournitures

- Toile ALBE C1
- Fil à broder mouliné DMC : 754 – 352 – 349 – 907 – 906 947 – Blanc – 310 – 904

Réalisation

Broder le motif sur la toile de lin en utilisant 2 brins de mouliné pour le point de croix sur 2 fils de la toile et 1 brin pour le point arrière.

X	PA	DMC
◓	—	Blanc
♥	—	310
▽		349
T		352
▲		904
Z		906
N		907
Y		947
X		754

NOMBRE DE POINTS DU MOTIF
79 sur la largeur x 105 sur la hauteur
Dimensions du motif en 5,5 pts/cm :
14,3 x 19,1 cm

David Pumpkin

Pauvre David ! Notre neveu n'a vraiment pas eu de chance ! Il a été le premier à subir nos expériences de transformation, lors de nos essais de pouvoirs magiques.
Le souci, c'est que notre formule fonctionne car nous souhaitions bien le transformer en une bonne citrouille rondouillarde… mais les effets de notre pouvoir ne sont jamais revenus à la normale !
David est désormais une citrouille à vie !!!!!!!!!! et nous assumons nos lacunes quant aux tentatives d'effets inverses qui n'ont pas fonctionnées.
Nous avons cependant beaucoup de chance, il sourit tout le temps aux touristes et passants, même si sa dentition s'aère au fil des années à cause d'une overdose de sucreries ! Il ne nous en veut pas et se sent heureux même ainsi.
Nous ne recommencerons pas cette expérience que nous ne maîtrisons toujours pas encore aujourd'hui, de peur de fabriquer des citrouilles horribles qui feraient fuir les gens et nous empêcher de récolter des bonbons ou sucreries pour nous pourrir les dents toute l'année !

Le saviez-vous ?

La citrouille remplace le navet ! Avec la légende de l'histoire de Jack O lantern, les Irlandais ont longtemps eu pour coutume de creuser des navets en sculptant des visages représentant le personnage de Jack.
Lorsque de nombreux Irlandais ont émigré au XIXe siècle aux Etats-Unis, ils ont voulu faire perdurer la tradition.
Seul problème : ils n'en ont jamais trouvé sur place.
Ils se sont alors rabattus sur la citrouille, beaucoup plus répandue et facile à sculpter.
Depuis, la citrouille est devenue le symbole d'Halloween et la couleur orange de ce cucurbitacée est directement assimilée à cet événement.

David Pumpkin

Dimensions

- *105 × 105 points soit 19,1 × 19,1 cm sur une étamine à 11 fils au cm*

Fournitures

- *Toile ALBE C1 (toile aux nuances orangées)*
- *Fil à broder mouliné DMC : 581 – 726 – 742 – 741 946 – 900 – 918 – 436 – Blanc – 310*

Réalisation

Broder le motif sur la toile de lin en utilisant 2 brins de mouliné pour le point de croix sur 2 fils de la toile.

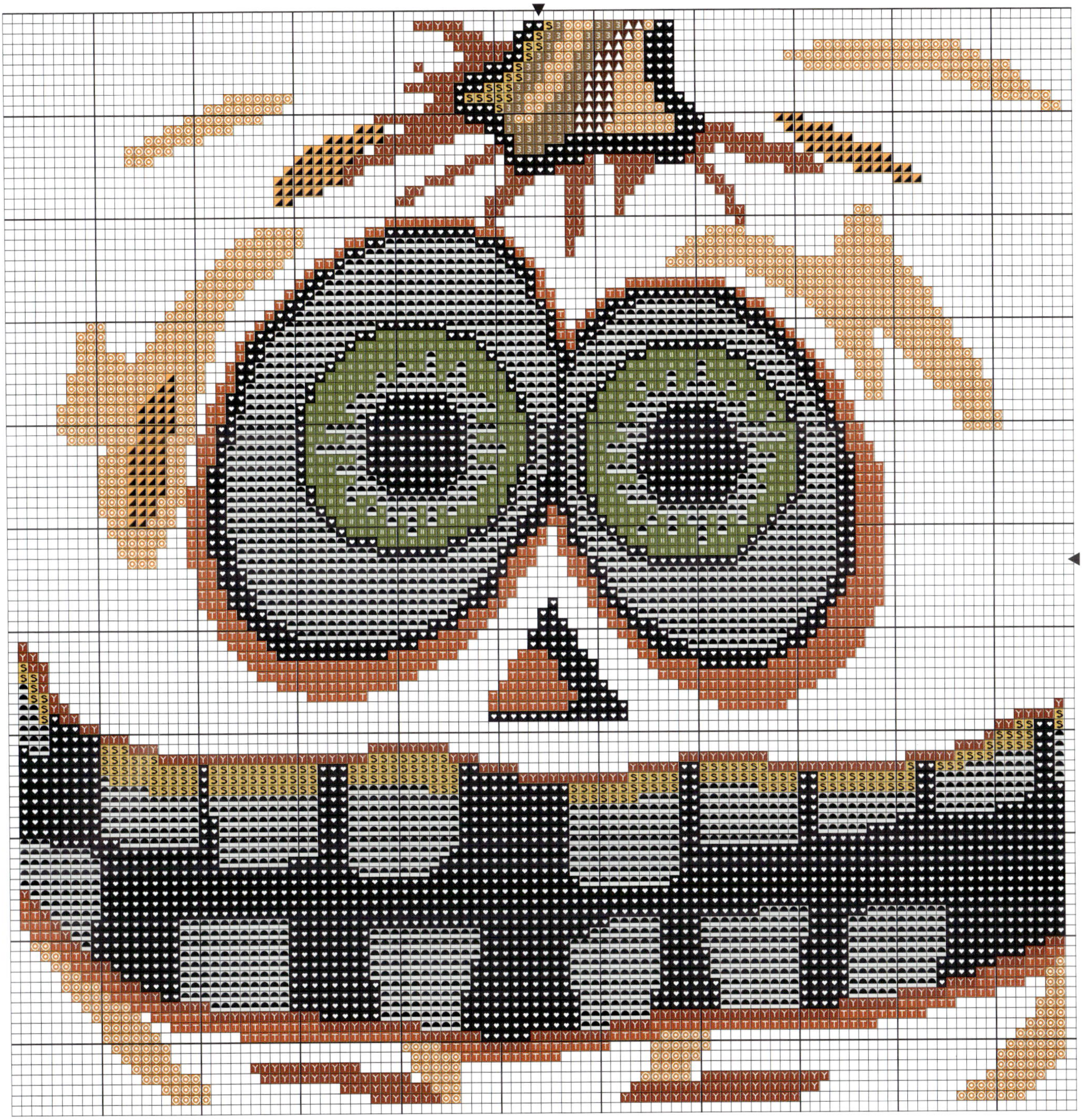

NOMBRE DE POINTS DU MOTIF
105 sur la largeur x 105 sur la hauteur
Dimensions du motif en 5,5 pts/cm :
19,1 x 19,1 cm

X	DMC	X	DMC
◓	Blanc	S	726
♥	310	O	741
▲	918	◢	742
3	436	Y	900
II	581	T	946

C'est l'Apéro !

A Bacharach il y avait une sorcière blonde...
qui laissait mourir d'amour
tous les hommes à la ronde.
(Guillaume Apollinaire)

Il n'y a pas que chez les humains que l'apéro est sympa et mortel !
Chez nous, chaque Dimanche, nous perpétuons le rituel d'un petit doigt d'apéro maison (cuvée de ma mère 1944 !).
Et quand arrive le soir d'Halloween, c'est la grande fête de l'année, tous les sorciers et sorcières se retrouvent pour le célèbre Apéro party d'où personne n'en repart vraiment indemne...
L'Elixir est notre spécialité maison, on y plonge presque intégralement dès que le chaudron arrive à la Grande Fête, qu'il soit de jeunesse empruntée aux autres, d'Amour pour nos parades arrangées de mariage, il est l'apéro principal et traditionnel de chaque 31 Octobre !
L'autre cuvée (1965), nous la réservons à nos invités que nous avons durement supportés toute l'année ou pendant plusieurs décennies... Il a des effets secondaires amusants et inattendus... On raconte même que certains disparaissent définitivement de notre vue une fois leur verre descendu !
Attention à ne pas vous tromper de bouteille et d'éviter Marcos le druide de maison qui vous sert même sans soif ! C'est un coup à se retrouver le chapeau pointu dans le marais du coin !

jeunesse
ELIXIR
POISON
ET JE VOUS SERS QUOI?
Un petit dernier pour la route...

C'est l'Apéro !

Dimensions

- *198 × 159 points soit 35,9 × 28,8 cm sur une étamine de 11 fils au cm (brodé ici en 1 fil sur 1 fil soit 18 × 14,4 cm)*

Fournitures

- *Toile ALBE S3*
- *Fil à broder mouliné DMC : 907 – 906 – 726 – 554 – 310 – 721 738 – 433 – Blanc*

Réalisation

Broder le motif sur la toile de lin en utilisant 2 brins de mouliné pour le point de croix sur 2 fils de la toile et 1 brin pour le point arrière.

Cocktail « Le cœur de la sorcière »

Ce cocktail est tout simplement amusant et bluffant…
Il vous faudra vous procurer certain ingrédients particuliers afin de le réaliser, à savoir :
- De la liqueur de mûre
- Du cognac à la pomme
- De la grenadine
- Et de la glace carbonique (Carboglace) qui dégage une fumée, une fois dans les verres, inquiétante en transformant ce simple cocktail en potion d'enfer.

1

X	PA	DMC
◓		Blanc
♥	—	310
○		433
▶		554
∩		721
✕		738
◢		726
II		906
N		907

NOMBRE DE POINTS DU MOTIF

198 sur la largeur x 159 sur la hauteur
Dimensions du motif en 11 pts/cm :
18 x 14,4 cm

C'est l'Apéro !

2

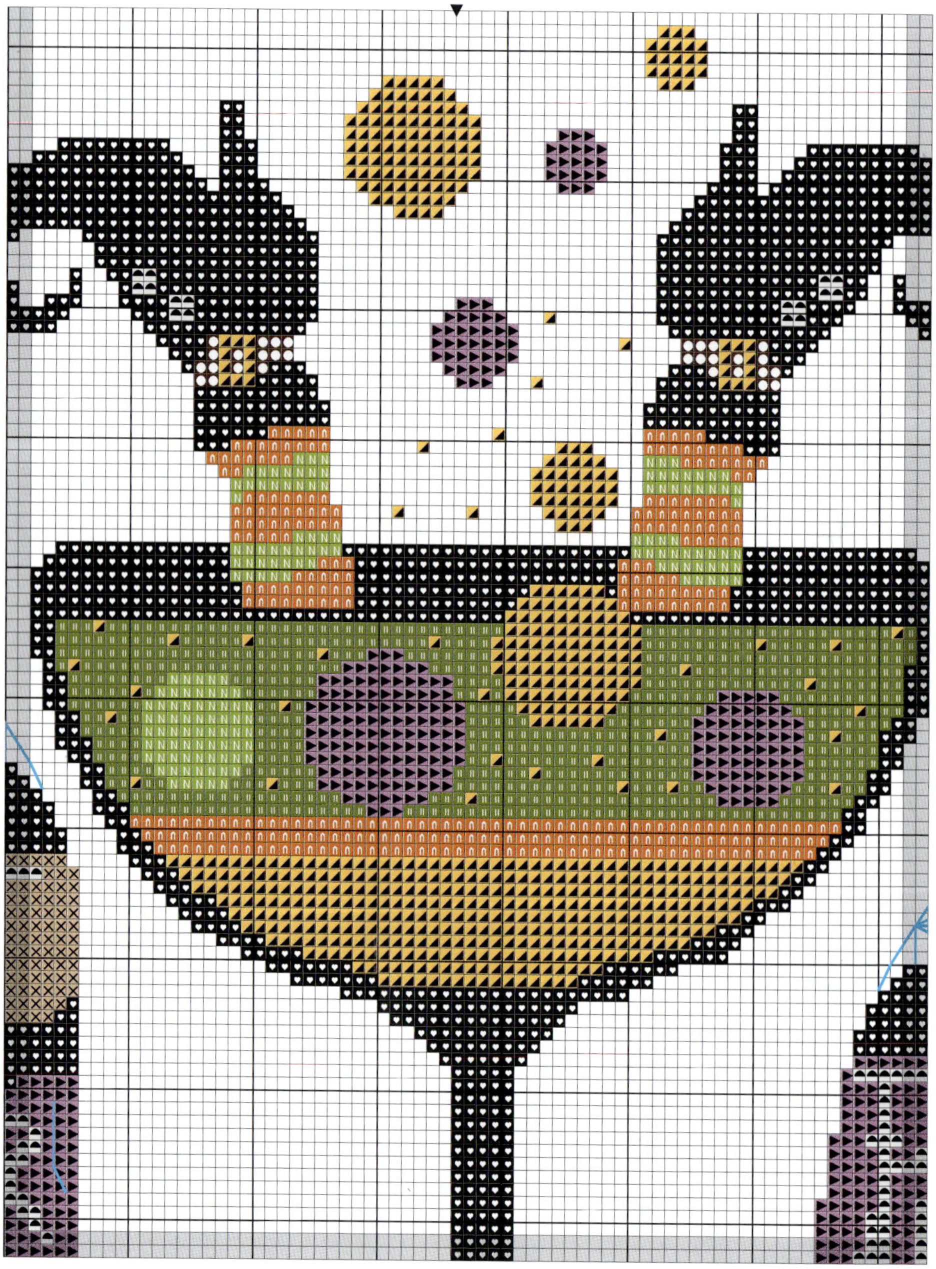

3

C'est l'Apéro !

4

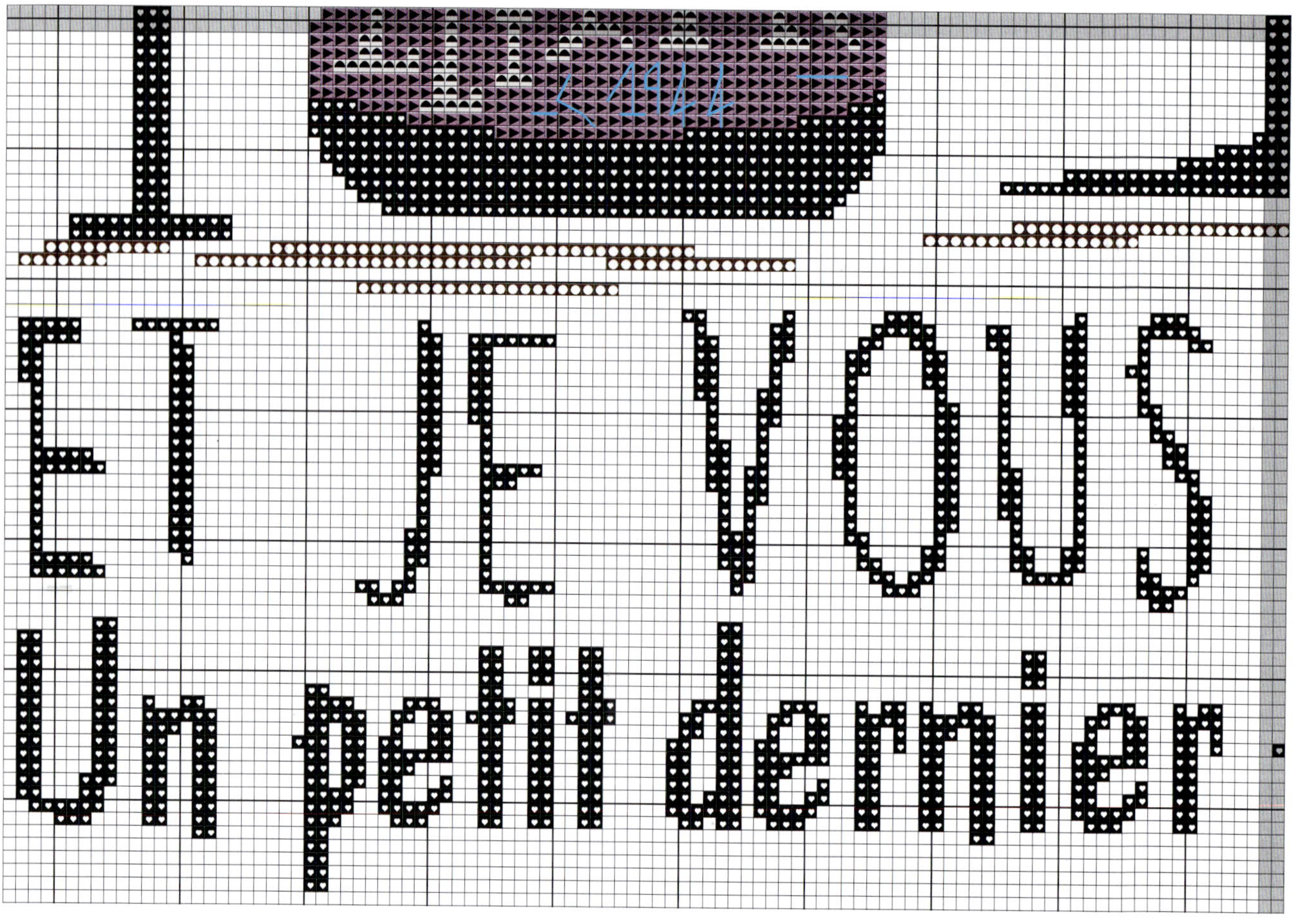

X	PA	DMC
		Blanc
	—	310
		433
		554
		721
		738
		726
		906
		907

5

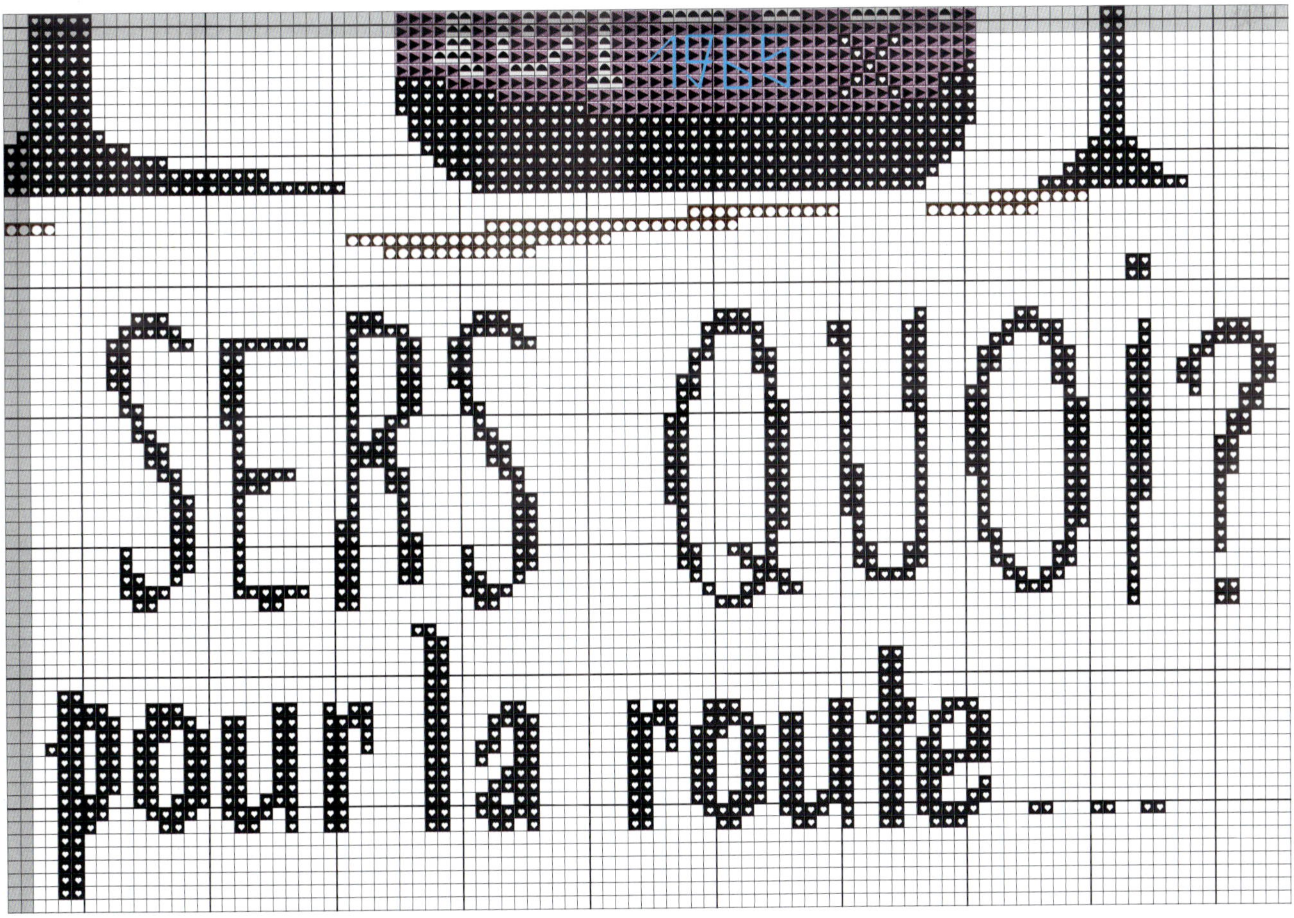

Manuel du petit sorcier

Baguette magique :
Aussitôt dit, aussitôt fée !
Marc Escayrol

Pour être une bonne sorcière, il est indispensable de bien connaître les plantes mais également les symboles alchimiques surtout l'antimoine, l'arsenic et le bismuth qui sont bien utiles parfois ! Ce pense-bête scientifique n'est cependant pas à mettre entre toutes les mains ! Certains humains pourraient détourner nos potions pour commettre des méfaits catastrophiques : on a un bel exemple en 2020 avec désormais l'obligation de couvrir d'un masque nos belles pustules et nos poireaux !
À l'école des Sorcières, ce tableau est à apprendre par cœur ! Et gare aux mauvais élèves qui apprennent mal leurs symboles... La petite mare près de ma cabane au Château croasse de ces dernières qui purgent leur punition !

Symboles Alchimiques
Antimoine
Bismuth
Or
Phosphore
Potassium
Plomb
Mercure
Cuivre
Fer
Argent
Soufre
Étain
Magnésium
Arsenic
Platinium
Abracadabra

Manuel du petit sorcier

Dimensions

- *234 × 215 points soit 42.5 × 39 cm sur une étamine à 11 fils au cm (brodé ici en 1 fil soit 21,2 × 19.5 cm)*

Fournitures

- *Toile ALBE C4*
- *1 charm Clef et 2 araignées à coudre (fausses)*
- *Cartonnette : 35 x 35 cm*
- *Boîte en forme de maison*
- *Fil à broder mouliné DMC : 321 – 310*

Réalisation

Broder le motif sur la toile de lin en utilisant 1 brin de mouliné pour le point de croix sur 1 fil de la toile.

Montage

Coudre le charm et les araignées sur la toile brodée.

Découper la cartonnette de la forme du fond de la boîte intérieur.

Recouvrir la cartonnette de la pièce brodée.

Coller l'ensemble sur le fond de la boîte.

1

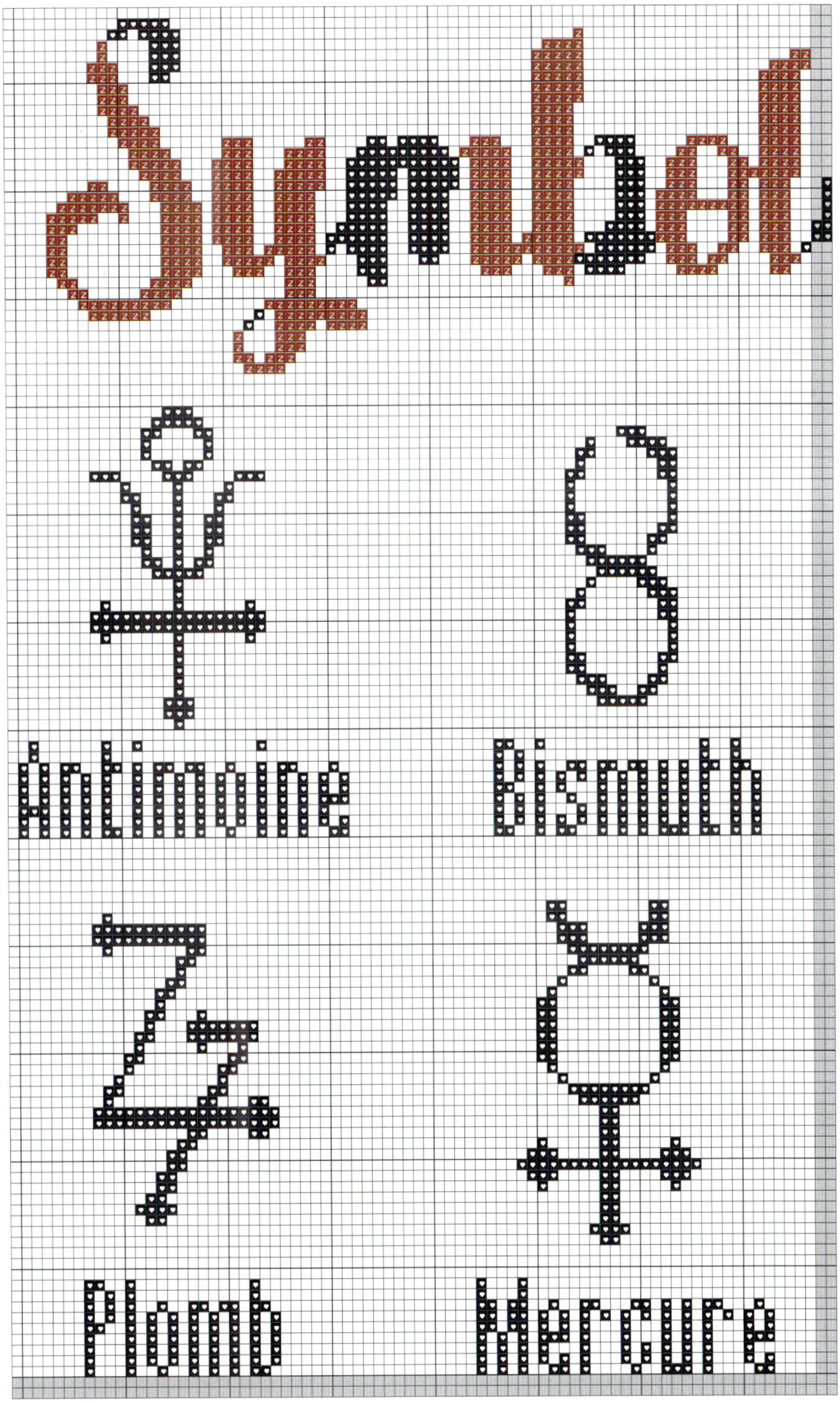

X	DMC
♥	310
Z	321

NOMBRE DE POINTS DU MOTIF

234 sur la largeur x 215 sur la hauteur
Dimensions du motif en 11 pts/cm :
21,2 x 19,5 cm

2

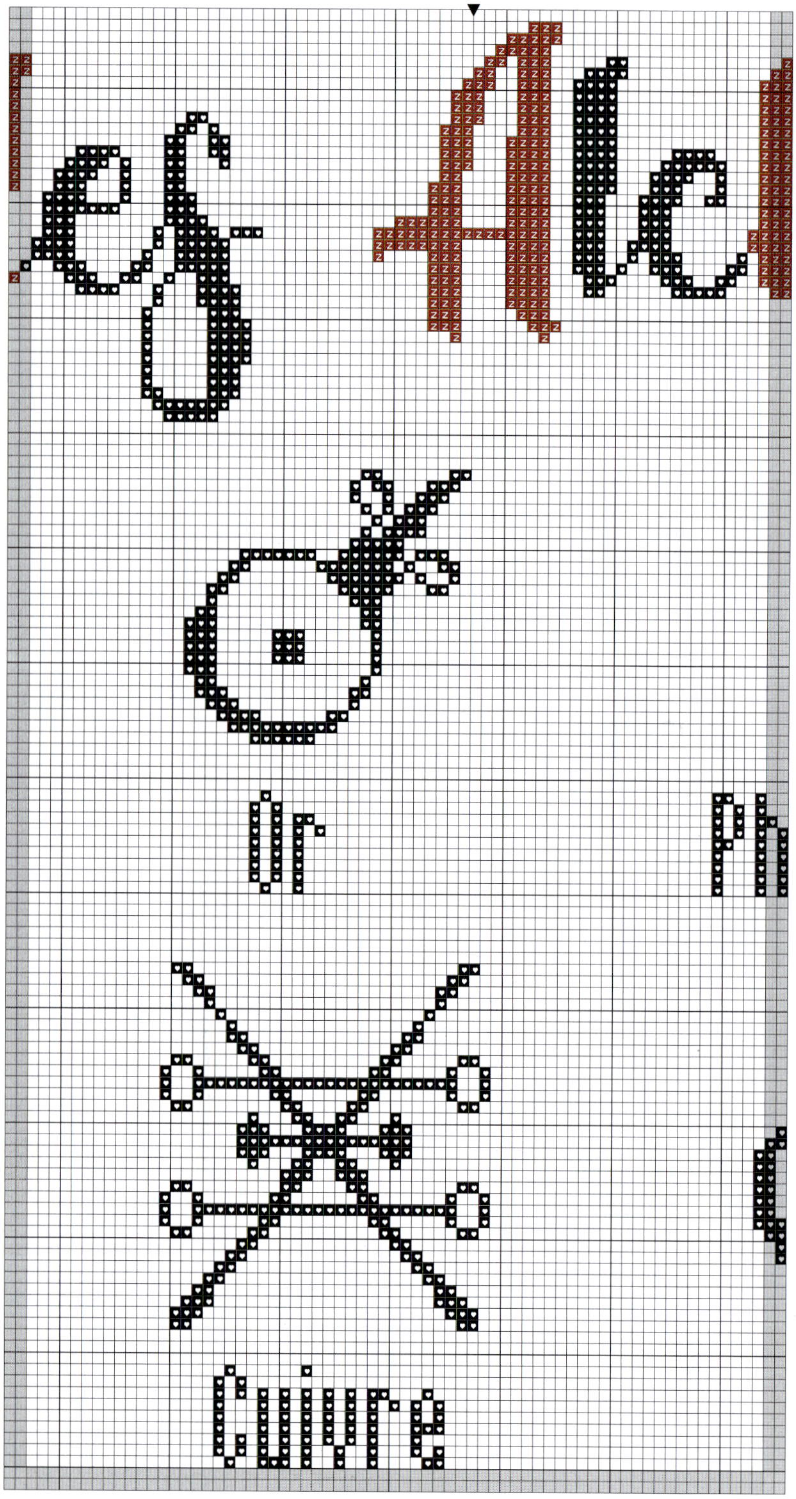

X	DMC
♥	310
Z	321

3

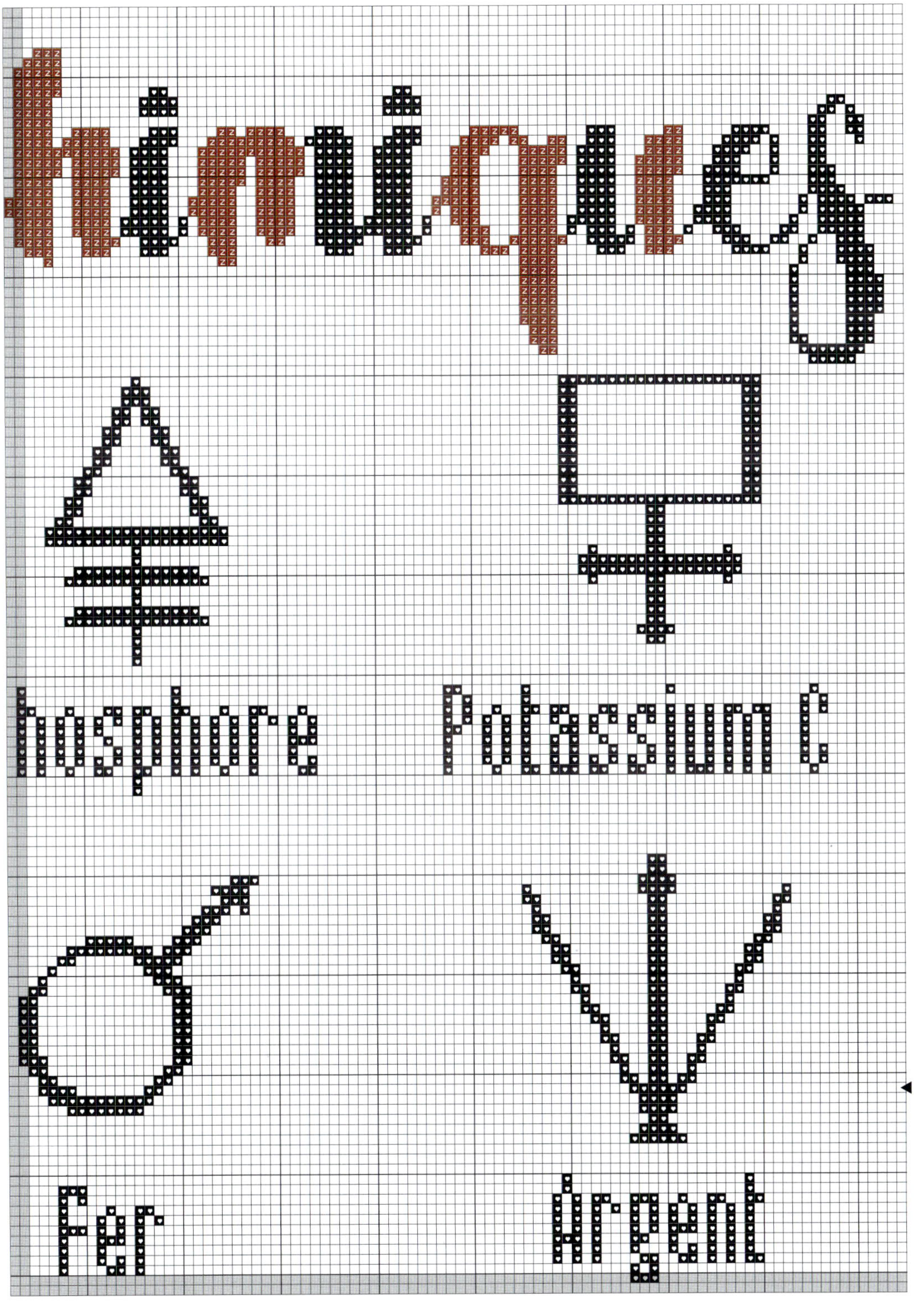

X	DMC
♥	310
Z	321

4

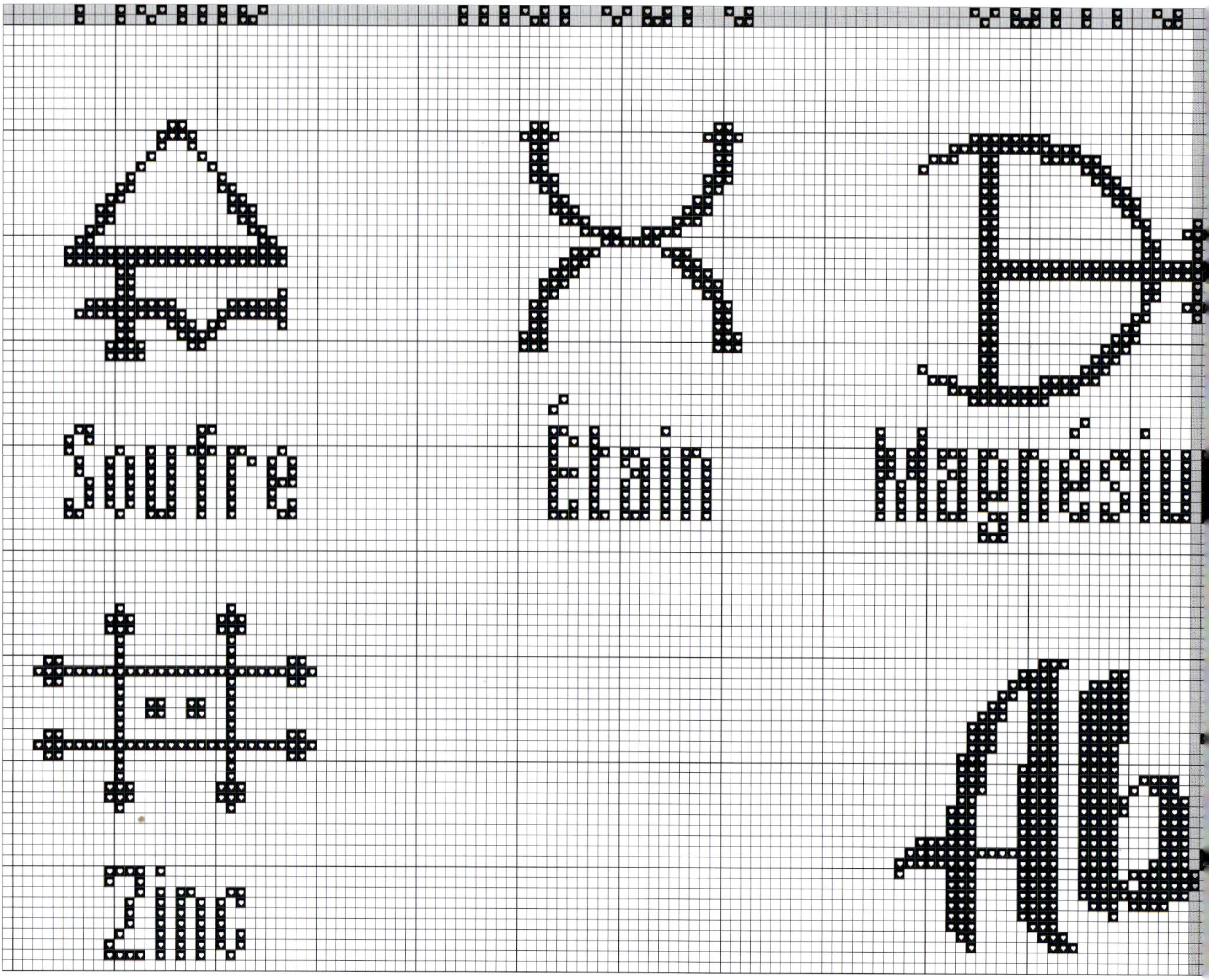

Magnésium
Ársenic
Platinium
Abracadabra

5

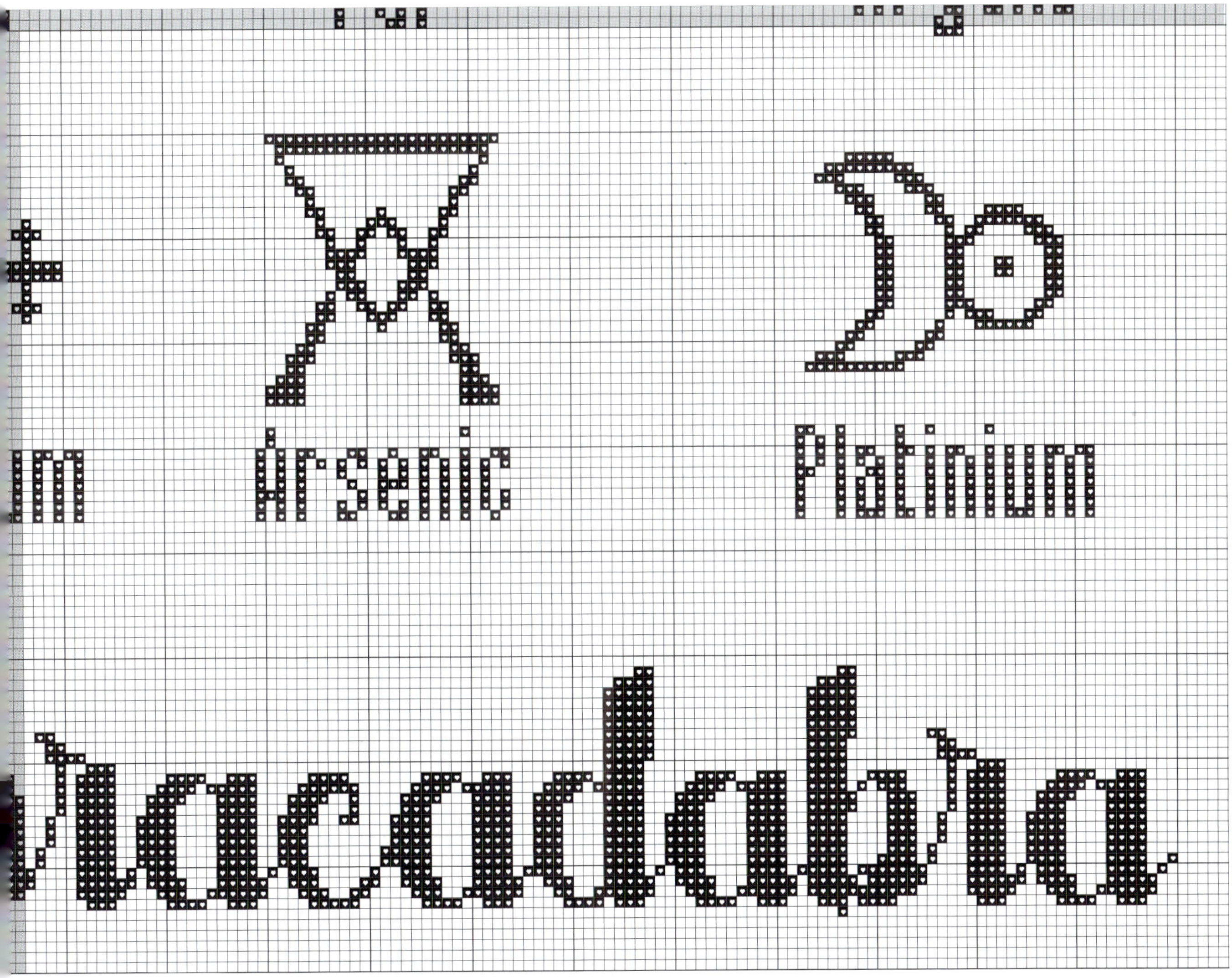
Ársenic
Platinium

Dead & Breakfast

Le plus beau voyage est celui qu'on a pas encore fait
(Loick Peyron)

Qui n'a jamais rêvé d'un voyage sans retour ?????
Qui n'a jamais rêvé d'envoyer sa belle-mère ici en vacances ?
Le gîte Dead & Breakfast est FAIT pour voussssssssss !
Il se trouve sur notre île du plaisir et vous offre tous les services les plus mortels qui soient : escaliers casse-goule, literie en drap de fantômes pour nuits blanches, commodités pas commodes du tout, service avec un personnel gentil mais très squelettique, repas spéciaux typiques mais dont les dates de conservation ne sont même plus inscrites...
Vous ne trouverez jamais autre endroit aussi magique que celui-ci au Château d'Oléron puisque c'est le Château lui-même !!!!! (visible uniquement les jours où il est visible car tellement recherché que les touristes ne le trouvent jamais en fait).
Seul notre guide fantôme le Marquis de Vauban vous commente certains jours l'histoire de ce gîte pas comme les autres où le temps n'est qu'accessoire puisque personne n'en revient de toutes façons...

DEAD & BREAKFAST
sans retour

Dead & Breakfast

Dimensions

- 164 × 183 points soit 29,8 × 33,2 cm
  sur une étamine à 11 fils au cm

Fournitures

- Toile ALBE S3
- Fil à broder mouliné DMC : 310 – 726

Réalisation

Broder le motif sur la toile de lin en utilisant 2 brins de mouliné pour le point de croix sur 2 fils de la toile.

1

X	PA	DMC
♥	—	310
S		726

NOMBRE DE POINTS DU MOTIF

164 sur la largeur x 183 sur la hauteur

Dimensions du motif en 5,5 pts/cm : 29,8 x 33,2 cm

Dead & Breakfast

2

3

X	PA	DMC
♥	—	310
S		726

Dead & Breakfast

4

X	PA	DMC
♥	—	310
S		726

5

Seauve Kipeut

Si tu ne connais pas le village,
tu y épouses la sorcière
(inconnu)

Les soirs d'Halloween, règne une ambiance particulière quand il s'agit de sonner aux portes... Les enfants mais aussi les adultes ne savent jamais qui va leur ouvrir et parfois la peur n'est pas là où elle le devrait...
Je suis aimable toute l'année mais avec le stress d'Halloween, une fois mon accoutrement revêtu pour la fête, je ne suis plus du tout la même !
Je tiens mon habit de sorcière de mère en fille et, une fois sur le dos, je suis différente, pas horrible mais diaboliquement étrange...
Quand un enfant sonne à ma porte, je lui ouvre avec mon sourire à faire fuir les chauve-souris... et je n'attends pas que le bambin me demande des bonbons !!!!!!!
Je lui pique son sac et le remercie de son offrande... Souvent il pleure, mais les parents n'insistent pas (et heureusement pour eux).
Je me déplace également en ville avec l'équipe des apprenties sorcières du Château... Les commerçants sont assez généreux je l'avoue, certains sont vraiment radins aussi et un petit rappel au désordre leur est donné !
C'est ainsi que parfois, le coiffeur a des cheveux qui poussent à vue d'œil, le boucher court avec ses saucissons volants, le boulanger est transformé en Religieuse au chocolat, la postière est mise en colis pour Tataouine City... car si certains vous disent lancer des sorts... Nous, nous les exécutons sur le champ !
Donc, attention chez qui vous sonnez...
Vous risqueriez de le regretter vraiment !

Réfléchis
avant
de sonner.
Manoir
Seauve
Kipeut

Seauve Kipeut

Dimensions

- 107 × 108 points soit 19,4 × 19,6 cm sur une étamine à 11 fils au cm

Fournitures

- Toile ALBE C1
- Fil à broder mouliné DMC : 725 – 842 – 310 – 3835

Réalisation

Broder le motif sur la toile de lin en utilisant 2 brins de mouliné pour le point de croix sur 2 fils de la toile.

X	DMC
	310
	725
	842
	3835

NOMBRE DE POINTS DU MOTIF
107 sur la largeur x 108 sur la hauteur
Dimensions du motif en 5,5 pts/cm :
19,4 x 19,6 cm

Chez Angèle

Sorcière Angèle vit avec sa maman, la maison à coté de mon chaudron. Tout le monde la connaît car elle est grande blonde et minceeeeeeeee, tellement mince que de profil on la voit à peine !
Sa mère vit également avec Angèle et est également mince très très très minceeeeeeeeee, elle ne sort que pour jeter les épluchures de citrouilles en grand peignoir marron pour ne pas être reconnue.
Cependant, tout le monde dans le quartier sait que ces 2 sorcières sont végétariennes ! Elles ne mangent pas les enfants, elles les détestent même car ils leur donnent des aigreurs d'estomac.
Tristes de ce fait, elles leur apprennent à planter des citrouilles partout dans le quartier, ce qui donne, vu de notre balai volant, un paysage très orangé de notre quartier de l'île.

Soupe de citrouille au curry & de noix de coco épicé

Ingrédients

- 1 c. à soupe d'huile végétale
- 2 gousses d'ail
- 1 petit oignon jaune
- 1 c. à café de gingembre
- 1 c. à soupe de pâte de curry rouge
- 2 tasses de bouillon de légumes
- 4 tasses de citrouille ou de courge coupées en dés
- 1 1/2 tasse de lait de coco
- 1/2 c. à café de sel
- Poivre fraîchement moulu
- 1 branche de coriandre
- Jus d'un demi citron
- 1/2 tasse à café de noix de coco

Préparation

- Hacher l'ail et l'oignon. Dans un grand chaudron, chauffer l'huile et faire sauter l'ail et l'oignon 3 minutes. Ajouter le gingembre et la pâte de curry, mélanger et cuire 1 minute supplémentaire.
- Ajouter les dés de citrouille, mélanger pour bien les enrober, cuire 5 à 6 minutes et arroser de bouillon. Laisser mijoter 20 min ou jusqu'à ce que la citrouille soit tendre.
- A l'aide d'un pied mélangeur, mixer la préparation pour obtenir une soupe lisse et onctueuse. Ajouter le lait de coco, saler et poivrer.
- Servir dans des bols, arroser de jus de citron, garnir de coriandre et de copeaux de noix de coco.

Je suis une
SORCIÈRE
Je
déteste
les
enfants
VEGETARIENNE

Chez Angèle

Dimensions

- *102 × 132 points soit 18,5 × 24 cm sur une étamine à 11 fils au cm*

Fournitures

- *Toile ALBE S2*
- *Fil à broder mouliné DMC : 905 – 725 – 721 – 738 – 310*

Réalisation

Broder le motif sur la toile de lin en utilisant 2 brins de mouliné pour le point de croix sur 2 fils de la toile et 1 brin pour le point arrière.

X	PA	DMC
♥	—	310
∩		721
/		725
3		738
<		905

NOMBRE DE POINTS DU MOTIF

102 sur la largeur x 132 sur la hauteur
Dimensions du motif en 5,5 pts/cm :
18,5 x 24 cm

Le Messager

Cours de sorcière / 1ère année

Que fait un hibou fâché ?

réponse : Hiboude

Que fait un Hibou dans une bibliothèque ?

réponse : Hibouquine

Qui est le bébé hibou qui fait des blagues ?

réponse : Le Thibou en train

Les hiboux et les chouettes sont pour nous ce que vous appelez vous « La Poste ». Ils sont nos messagers et moyens de communication les plus fiables de la planète et ce, depuis la nuit des temps... Compagnons attentifs, ils nous écoutent, observent et exécutent nos désirs et ordres le plus fidèlement possible. Jamais de retard d'infos avec eux : les missives sont livrées toujours en temps et dans l'heure, et ce gratuitement et sans grève ! Au Château, la chouette principale s'appelle Joëlle ; joli volatile mais pas très domptable et pas toujours facile. Joëlle vole souvent dans les plumes de ceux ou celles qui ne se rangent pas bien dans son officine mais c'est la seule que je connaisse qui retrouve les plis et colis égarés par les humains postaux.

Notre messager familial s'appelle Philippe : fiable, toujours à l'heure et efficace ! Il se soucie que chaque missive retrouve son propriétaire chaque jour à la même heure ! On entend son battement d'aile, reconnaissable par toutes les sorcières du quartier.

Il parait que...

- Lorsque vous rêvez d'un hibou, cet animal spirituel peut vous contacter pour vous avertir d'un danger ou d'une menace auquel vous devez faire attention. Il peut apporter un aperçu sage sur des questions importantes.

- Dans de nombreuses interprétations de rêves, le hibou peut représenter un ami ou un membre de la famille décédé qui revient dans le rêve sous la forme d'un animal spirituel.

- Dans les traditions indo-américaines, le hibou est appelé l'aigle de nuit. Le totem du hibou a une connexion spéciale avec la nuit et la lune, tandis que l'aigle est connecté au soleil.

- Le hibou est associé à la sorcellerie dans un certain nombre de traditions européennes et indiennes d'Amérique. Les sorcières prenaient souvent le hibou comme guide spirituel animal.

BIENVENUE

Le Messager

Dimensions

- *115 × 132 points soit 20,9 × 24 cm sur une étamine à 11 fils au cm*

Fournitures

- *Toile ALBE C4*
- *Fil à broder mouliné DMC : 310 – 648 – 3024 169 – Blanc – 3072 – 168 – 3021 – 3821 – 647 3799 – 646*

Réalisation

Broder le motif sur la toile de lin en utilisant 2 brins de mouliné pour le point de croix sur 2 fils de la toile.

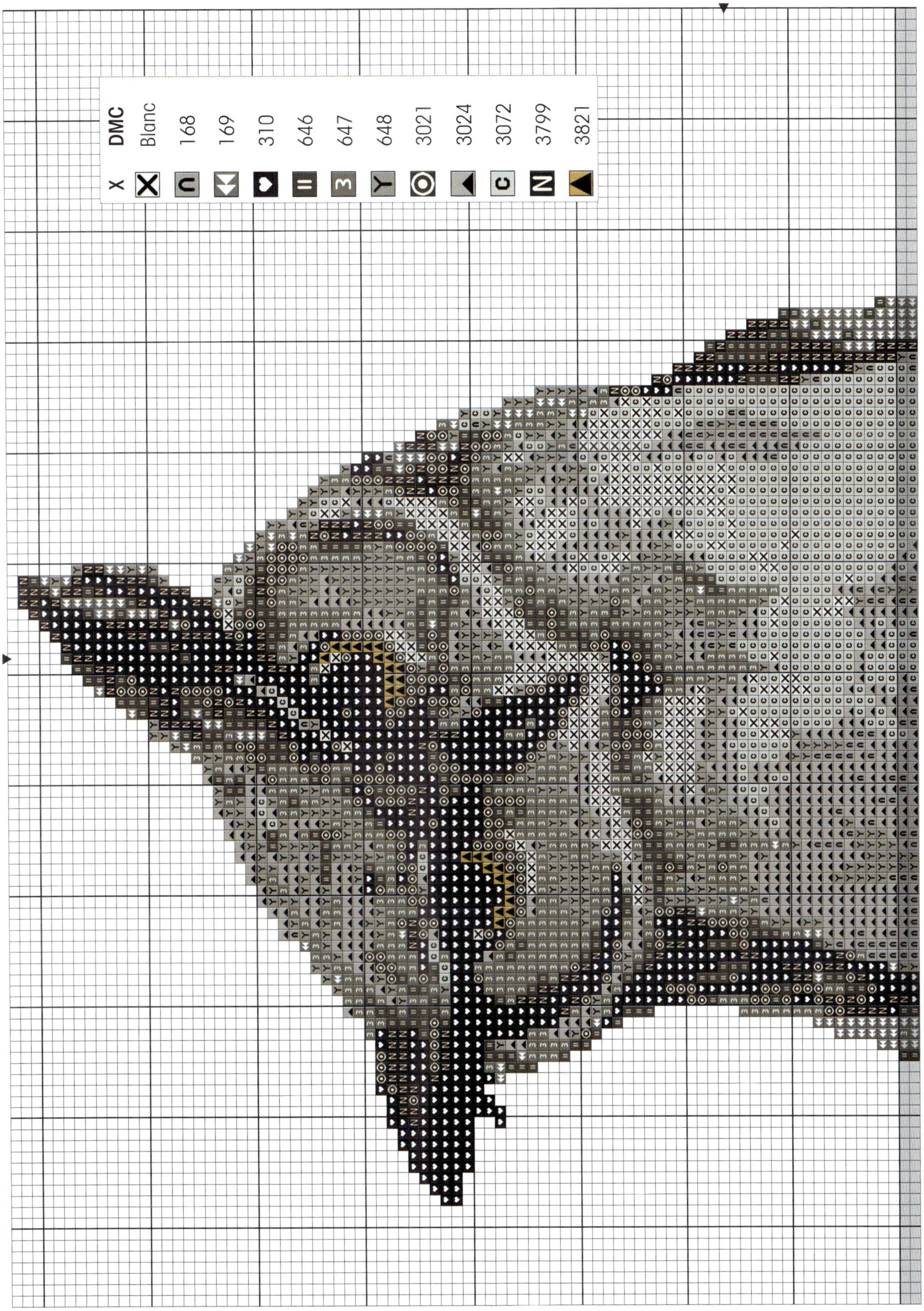

X	DMC
X	Blanc
∩	168
▼▼	169
♥	310
=	646
3	647
Y	648
⊙	3021
◀	3024
c	3072
N	3799
▲	3821

2

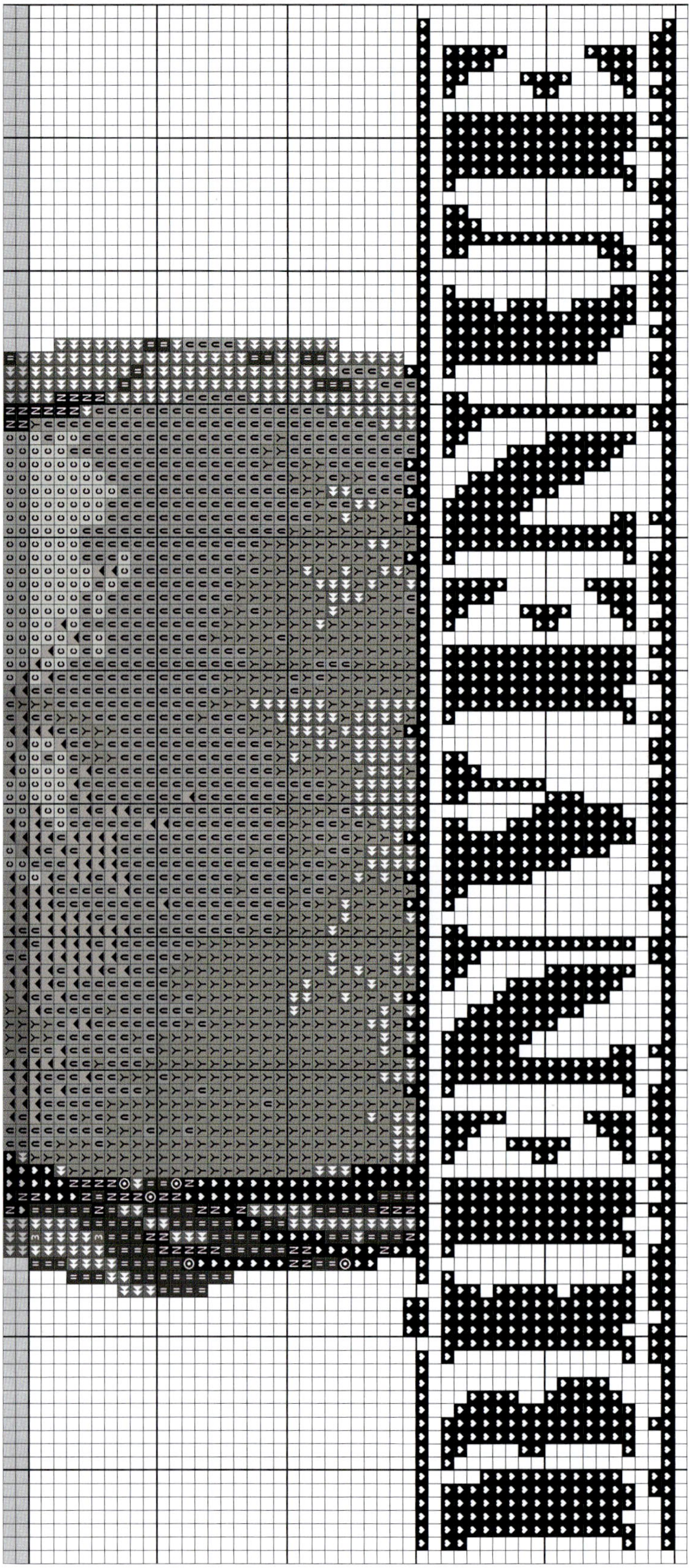

X	DMC	X	DMC
X	Blanc	Y	648
∩	168	O	3021
▼▼	169	◀	3024
♥	310	c	3072
=	646	N	3799
3	647	◀	3821

NOMBRE DE POINTS DU MOTIF

115 sur la largeur x 132 sur la hauteur
Dimensions du motif en 5,5 pts/cm :
20,9 x 24 cm

Lily l'Apprentie sorcière

Il fait bon vivre chez qui la grand'mère est sorcière.
Proverbes et sentences Russes

Une nouvelle jeune sorcière est apparue dans notre famille il y a 2 ans environ. Notre plus grand fils, célibataire depuis des siècles, s'est amouraché de cette belle sorcière de l'Est de la France et nous l'avons adoptée de suite… sans en connaître les soucis d'intégration qu'elle nous a causés car, comme toute belle-fille de sorcière ou pas, on le sait bien : ça ne va jamais pile poil poireau !
Son handicap majeur : Allergique aux chats !!!!!!!!!! Quelle hérésie pour notre clan !
Son atout majeur : Elle adore les chats !!!!
Voyez le tableau lors de notre première rencontre au balai de présentation… Atchoum par ci Atchoum par là, Atchoum le jour et Atchoum la nuit… Ouf elle a son spray de réanimation sur elle car nous l'aurions perdue depuis longtemps la petite.
Lily vient en Balai Grande Vitesse 2 fois dans l'année (en BGV) et nous essayons du mieux possible de la former à l'éducation féline de la maison en plus du petit ménage, histoire d'user un peu de nos balais à d'autres tâches que de les faire voler.
Lily a trouvé une vieille formule dans nos placards qui fonctionne toujours visiblement, elle essaye même ses pouvoirs pour ranger notre chambre d'amis disparus.
Il faut toujours laisser une place à nos Belle-fille… Au moins essayer de les intégrer avant qu'elles nous désintègrent en fait.
L'hiver dernier, Lily s'est trompée de formule… et la voilà qui gonfle, gonfle, gonfle depuis des mois… et se plaint qu'il y a un truc qui bouge… ???
Le sorcier de son village nous a privé de sa visite cet été tellement elle était énorme…
Je crois qu'elle nous prépare un coup bas avant la grande fête d'Halloween…
ou peut être un magnifique cadeau ?
Atchoum …. !

Range ta
chambre
MOT DE PASSE

Lily l'Apprentie sorcière

Dimensions

- 121 × 161 points (par porte) soit 22 × 29,2 cm sur une étamine à 11 fils au cm

Fournitures

- Toile ALBE S3
- Fil à broder mouliné DMC : 310 – 932 – 721 – 948 – 3799 3753 – 754 – 919 – 931 – 433 - 720

Réalisation

Broder le motif sur la toile de lin en utilisant 2 brins de mouliné pour le point de croix sur 2 fils de la toile et 1 brin pour le point arrière.

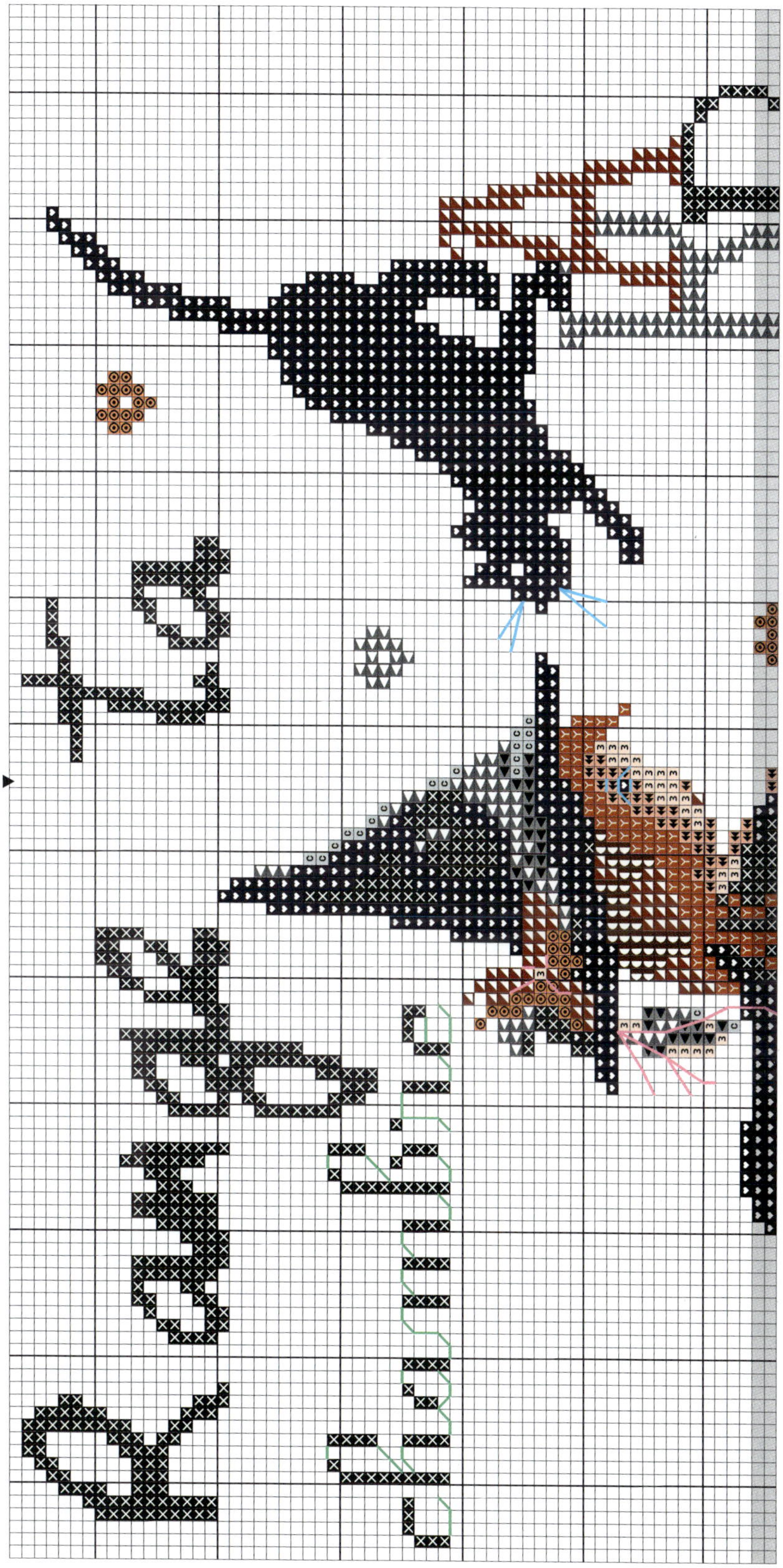

X	PA	DMC	X	PA	DMC
	—	310			931
		433			932
		720		—	948
		721			3753
		754		—	3799
		919			

NOMBRE DE POINTS DU MOTIF

121 sur la largeur x 161 sur la hauteur
Dimensions du motif en 5,5 pts/cm :
22 x 29,2 cm

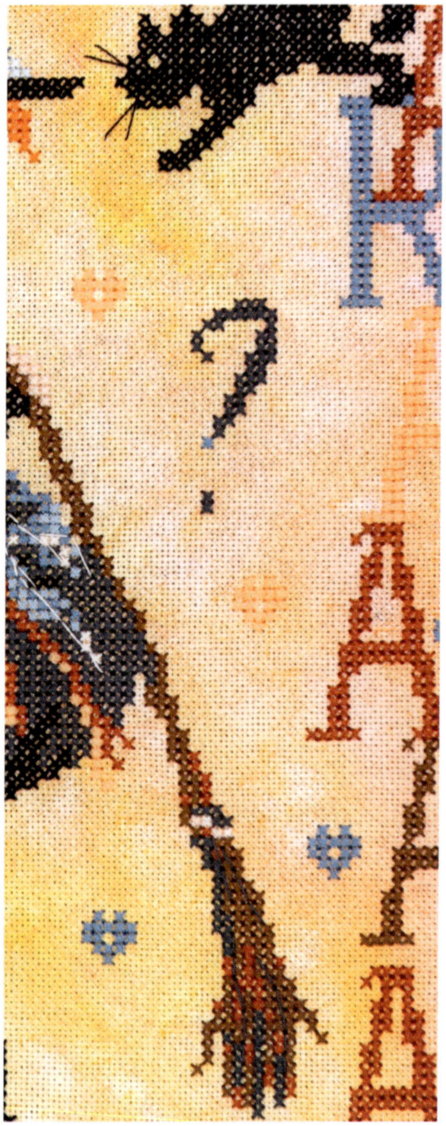

2

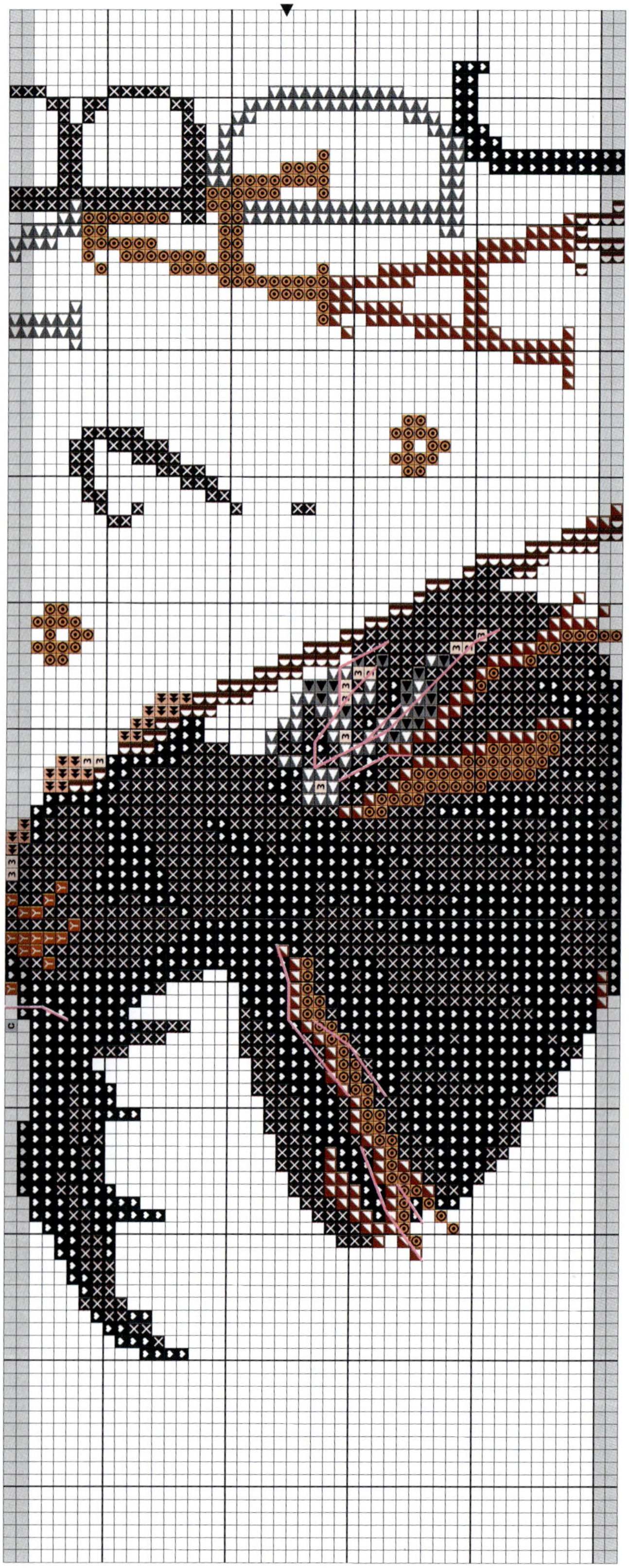

3

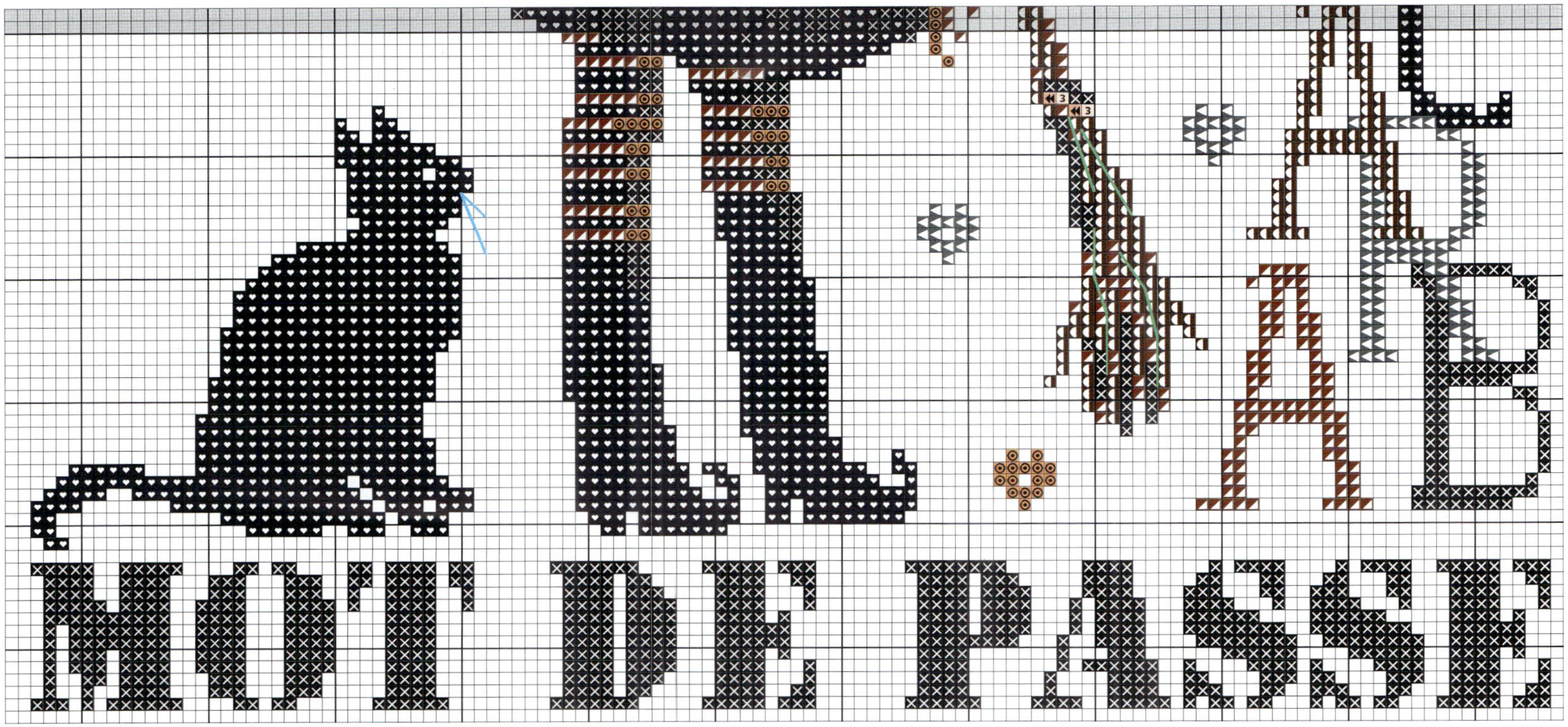

X	PA	DMC	X	PA	DMC
	—	310			931
		433			932
Y		720	3	—	948
		721	C		3753
		754	X	—	3799
		919			

Chaussure à son pied !

A quoi sert de rapiécer
les pieds si la tête est ravagée.
(De Hawad / Les Marges)

Passionnée de la mode « pédicuresque », je me bats depuis des années avec mes pieds et orteils, pour les faire rentrer dans des chaussures élégantes et dignes de les accueillir...
En vain le plus souvent... mes ongles dépassant au bout de mes orteils, je souffre à les rouler vers l'intérieur...
J'ai dû consulter l'année dernière un sorcier de Bordeaux qui a fait des miracles... Enfin un demi-miracle car il n'a réparé qu'un seul de mes pieds tordus... et depuis, mes 2 pieds ne font plus la même taille ! S'ajoute à cela le fait de marcher sur un bout de ma hanche qu'il m'a rajouté dans le talon, revissé tout ça, et essayé de refaire un peton quasi potable...
Une ANNEE entière il a fallu !!!!! Pour qu'il ressemble à un pied neuf... mon souci, c'est que je n'en ai qu'un sur 2 de bien et refait, et que les humains vendent les chaussures par paires de même taille ! (je ne vais quand même pas couper mes ongles crochus !)
J'ai raté 2 fois les soldes avec cette histoire, et pour être à l'aise, il ne restait plus que cette paire en 46 fillette que j'ai adoptée de suite pour son élégance et son maintien, une fois mes petits petons bien plantés dedans.
C'est que les sorcières sont élégantes aussi ! Il ne faut pas croire tout ce que vous lisez dans les livres d'histoires d'Halloween, nous n'effrayons pas toujours et avons à cœur que notre apparence soit exemplaire pour nos générations futures !
Si vous croisez une vieille sorcière sale et mal habillée : c'est qu'elle se laisse aller ! Mais pas question de ça dans notre famille !

Alors...
c'est qui
la plus
belle ?

Chaussure à son pied !

Dimensions

- *106 × 130 points soit 19,2 × 23,6 cm sur une étamine à 11 fils au cm*

Fournitures

- *Toile ALBE S3*
- *Fil à broder mouliné DMC : Blanc – 310 – 3819 552 – 645 – 169 – 01 – 413 – 581 – 946 – 168 153 – 03*

Réalisation

Broder le motif sur la toile de lin en utilisant 2 brins de mouliné pour le point de croix sur 2 fils de la toile et 1 brin pour le point arrière.

X	PA	DMC
(symbole)		Blanc
3		153
(symbole)		168
Y		169
♥	—	310
○		413
∩		552
II		581
◎		645
S		03
C		946
X		01
▲		3819

NOMBRE DE POINTS DU MOTIF
106 sur la largeur x 130 sur la hauteur
Dimensions du motif en 5,5 pts/cm :
19,2 x 23,6 cm

1

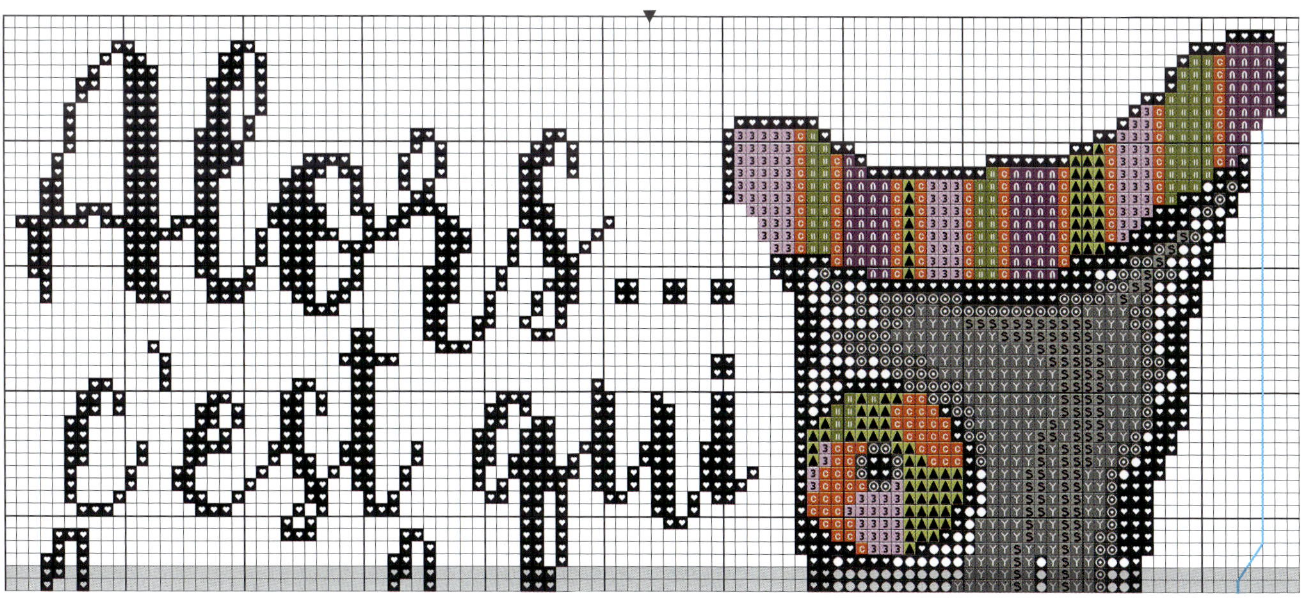

Chaussure à son pied !

2

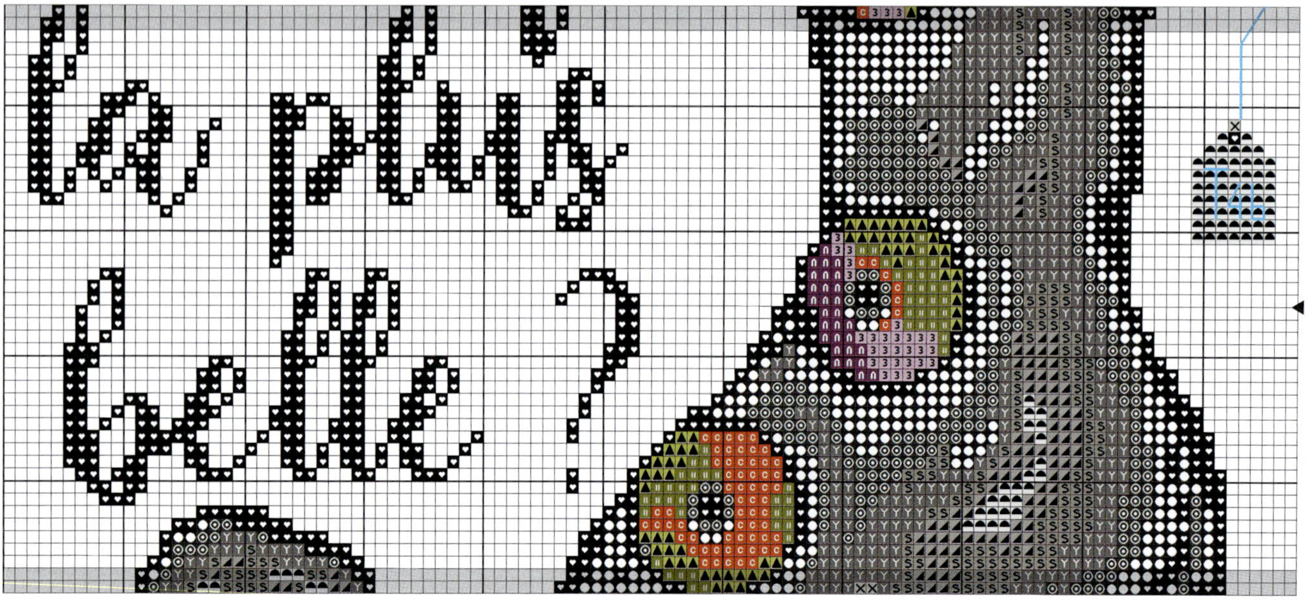

X	PA	DMC
◓		Blanc
3		153
◢		168
Y		169
♥	—	310
●		413
∩		552
II		581
◎		645
S		03
C		946
X		01
▲		3819

3

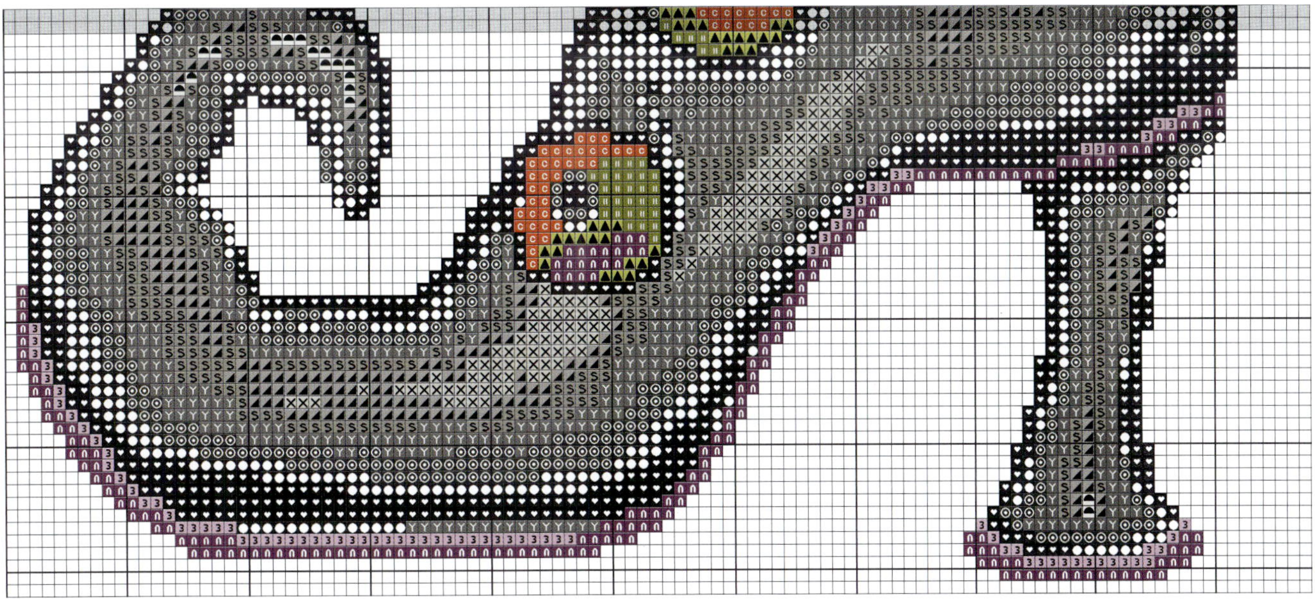

Ravalement de façade

Toutes les femmes sont jolies,
beaucoup sont belles,
quelques-unes sont rares. »
(Inconnu)

Que ce soit pour la grande soirée d'Halloween ou pour tous les jours : une sorcière se doit d'être affreusement belle !
C'est pour cela qu'il faut qu'elle trimballe cette pochette de ravalement express toujours avec elle !
Cette merveilleuse pochette a été empruntée pour les besoins de ce livre à la Reine mère Cosette, 2e sorcière du nom... qui est très attentive à son apparence. Nous avons la chance avec ce modèle de vous montrer une mallette interactive avec :
Sur la face A : le centre de votre ravalement de façade qui vous rappelle combien il est urgent de faire quelque chose, et qui vous propose des produits magiques express à l'intérieur, sous condition de vous souvenir bien évidemment de la formule pour ouvrir la mallette...
Sur la face B : un petit rappel sms pour Cosette afin de ne pas non plus rester plus de 3 heures pour un simple ravalement !
Cette mallette est le Must du top de toute bonne sorcière qui se respecte ! Elle comporte un flacon 50 en 1 de crème magique et un abonnement d'un an au site « Sew by Bernie », animatrice Façade Book des sorcières en vogue !
Ps : je suis inquiète pour Cosette car cela fait plus de 3 heures et elle n'est toujours pas ressortie de la mallette... elle va être en retard à la cabane comme d'habitude et je vais devoir finir de l'épiler !

Centre de ravalement
de Façade portatif
SOLUTION:
OLALA Cette Tête!
Retrouver
d'Urgence ma
Formule MAGIQUE!
MAGIE

Ravalement de façade

Pochette créée par *Bernadette Chiffoleau

Dimensions

- *Faces A et B : 138 × 110 points soit 25 × 20 cm sur une étamine à 11 fils au cm*

Fournitures

- *Toile ALBE S3 : 2 fois*
- *Pour le montage : 2 toiles brodées 31 × 37 cm*
- *Molleton épais : 2 pièces de 31 × 37 cm*
- *Suédine : 2 pièces de 6 × 52 cm (haut du sac) et 11 × 85 cm (pourtour extérieur)*
- *Tissu noir : 2 pièces de 29 × 35 cm (intérieur du sac), 2 pièces de 6 x 52 cm (haut du sac intérieur) et 11 × 83 cm (pourtour intérieur)*
- *Filet poche intérieure noir : 15 × 35 cm*
- *Biais orange pour la poche : 3 × 37 cm*
- *Sangle noire : 2 fois 3 × 35 cm (anses) et 2 fois 3 × 7 cm (embouts)*
- *Fermeture à glissière noire : 50 cm*
- *Fil à broder mouliné DMC : Blanc- 3371 – 169 – 3340 – 3804 – 349 – 352 – 754*

Réalisation

Broder le motif sur la toile de lin en utilisant 2 brins de mouliné pour le point de croix sur 2 fils de la toile et 1 brin pour le point arrière.

Montage

Sur le haut des pièces de molleton, tracer des arrondis à l'aide d'une assiette et s'en servir de gabarit pour les broderies et tissus intérieurs.

Épingler et coudre la fermeture à glissière sur les 2 bandes de pourtour, endroit contre endroit.

Coudre, à chaque extrémité de la fermeture à glissière, les embouts repliés en 2 et la bande de pourtour.

Superposer et surfiler ensemble la broderie et le molleton, envers contre endroit. Renouveler l'opération pour l'autre broderie.

Épingler et coudre les anses sur la partie haute de la broderie à 14,5 cm des bords.

Épingler le tour de la mallette et la broderie molletonnée, endroit contre endroit. Coudre tout autour, cranter les arrondis, renouveler l'opération pour l'autre face.

Pour la doublure : replier les bandes intérieures dans la longueur, envers contre envers sur 1 cm, et repasser les plis ainsi formés. Coudre ces 2 bandes en laissant 1 cm entre elles sur le pourtour de 11 x 83 cm, endroit contre endroit, pour former un tube.

Coudre le biais sur la partie haute du filet, positionner ce filet sur la partie basse de l'un des côtés intérieurs, surfiler les 3 bords pour une meilleure tenue.

Épingler et coudre, endroit contre endroit, la doublure intérieure et le pourtour, renouveler l'opération avec la doublure-pochette pour former l'intérieur de la mallette.

Insérer la doublure dans la mallette, envers contre envers, et coudre à points glissés.

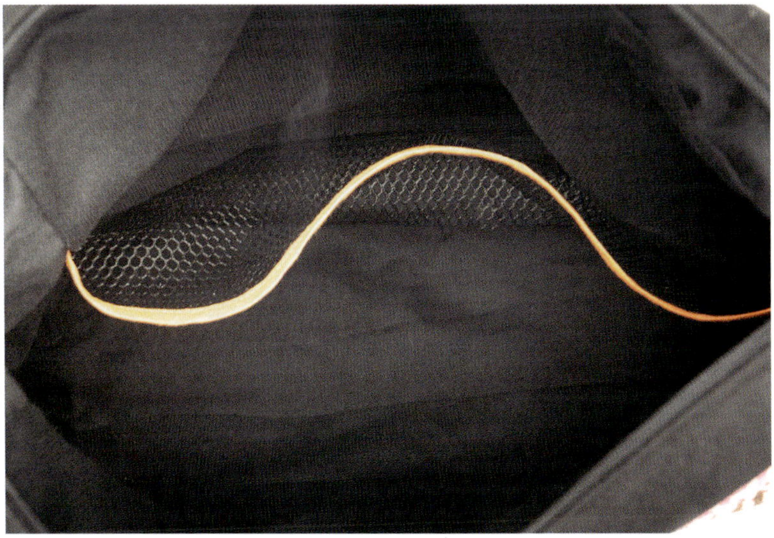

Ravalement de façade

Face A

NOMBRE DE POINTS DU MOTIF
138 sur la largeur x 110 sur la hauteur
Dimensions du motif en 5,5 pts/cm :
25 x 20 cm

X	PA	DMC
◣		3804
◐		3340
‖	—	3371

Ravalement de façade

Face B

NOMBRE DE POINTS DU MOTIF
138 sur la largeur x 110 sur la hauteur
Dimensions du motif en 5,5 pts/cm :
25 x 20 cm

X	PA	DMC
		Blanc
S		169
		349
T		352
		3804
C		754
		3340
II	—	3371

Chez Francis

Ça ne porte pas malheur
si tu passes en dessous d'un chat noir,
mais il n'y a presque personne qui le sait.
(Pierre Légaré)

Tout le monde sait que les chats noirs sont ceux des sorcières, on les reconnait d'ailleurs à ça. Certaines personnes ne savent même pas qu'elles ont des pouvoirs magiques mais bon... ça c'est leurs problèmes !
Notre chat noir a 2 visages : celui du jour où il se fait appeler Champignon (en référence aux champignons noirs nocifs) et quand vient le soir, il préfère emprunter pour ses folles nuits félines, le prénom de Francis... (oui notre chat a une double vie) Francis chante beaucoup quand il n'a plus rien à se mettre sous la dent, il est très bruyant et nous réveille souvent... Le Roi de la nuit c'est Lui ! Son cocktail préféré : les cousins ! (pas ceux de notre famille mais vous savez, ceux à 6 pattes !)
Nous le laissons donc la journée se reposer et veiller sur notre royaume, d'un œil peu vif mais toujours aux aguets.
Fervent gardien, il surveille nos invités également dans la chambre d'amis où son coussin trône au pied du lit de nos hôtes quand ils veulent bien rester, ce qui est très très rare...

Je suis le GARDIEN
des cauchemars
de tes nuits
Je t'aime
de me nourrir.

Chez Francis

Dimensions

- 195 × 127 points soit 35,4 × 23 cm sur une étamine à 11 fils au cm

Fournitures

- Toile ALBE S3
- Fil à broder mouliné DMC : 169 – 310 – 762 – 3799 – 168 414 – 317 – 3821

Réalisation

Broder le motif sur la toile de lin en utilisant 2 brins de mouliné pour le point de croix sur 2 fils de la toile et 1 brin pour le point arrière.

Appliquer la broderie sur le coussin de son choix.

1

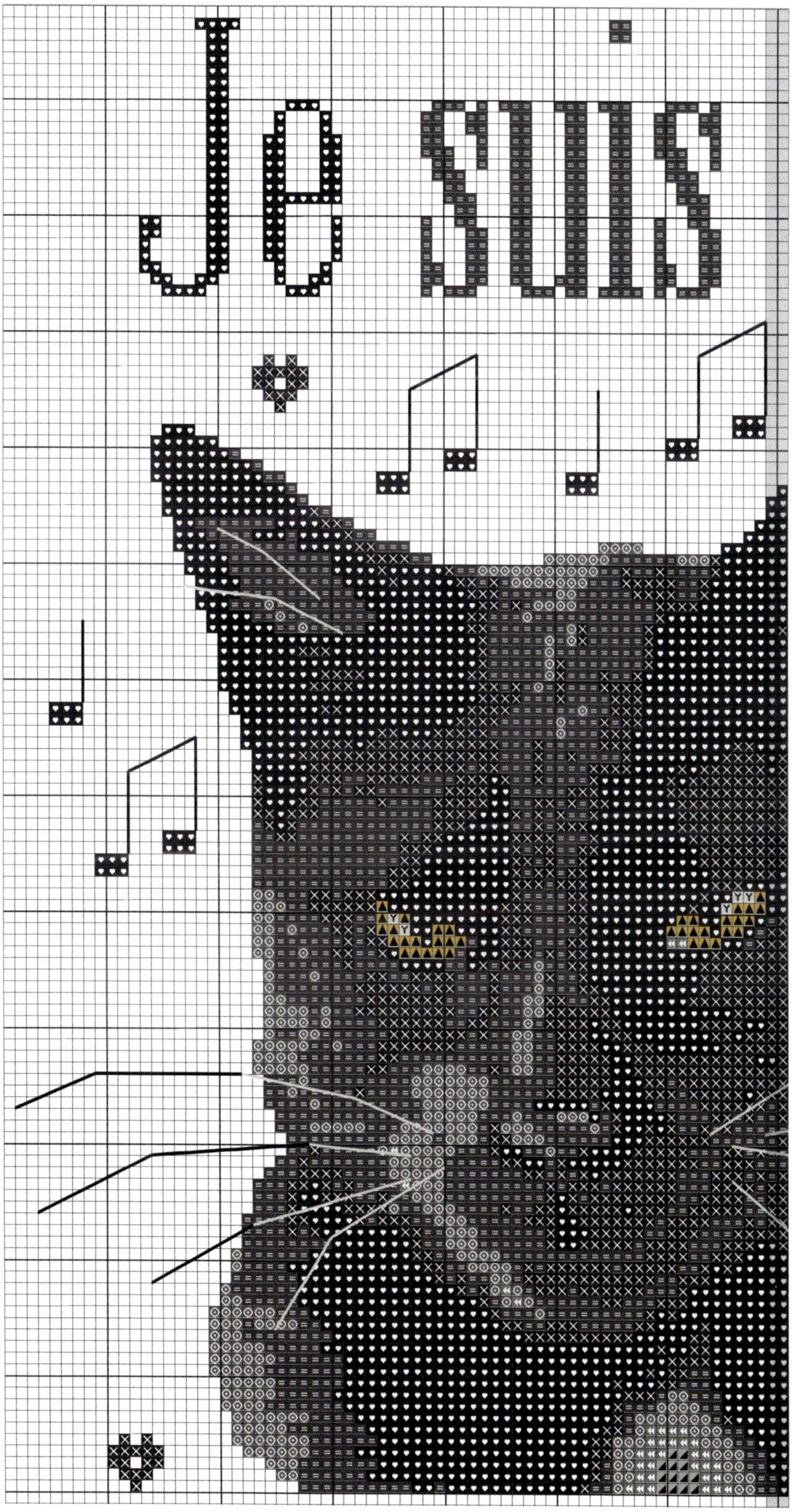

X	PA	DMC
		168
		169
	—	310
		317
		414
	—	762
		3799
		3821

NOMBRE DE POINTS DU MOTIF

195 sur la largeur x 127 sur la hauteur

Dimensions du motif en 5,5 pts/cm : 35,4 x 23 cm

2

Chez Francis

X	PA	DMC
◢		168
◀◀		169
♥	—	310
=		317
◎		414
Y	—	762
✕		3799
▲		3821

3

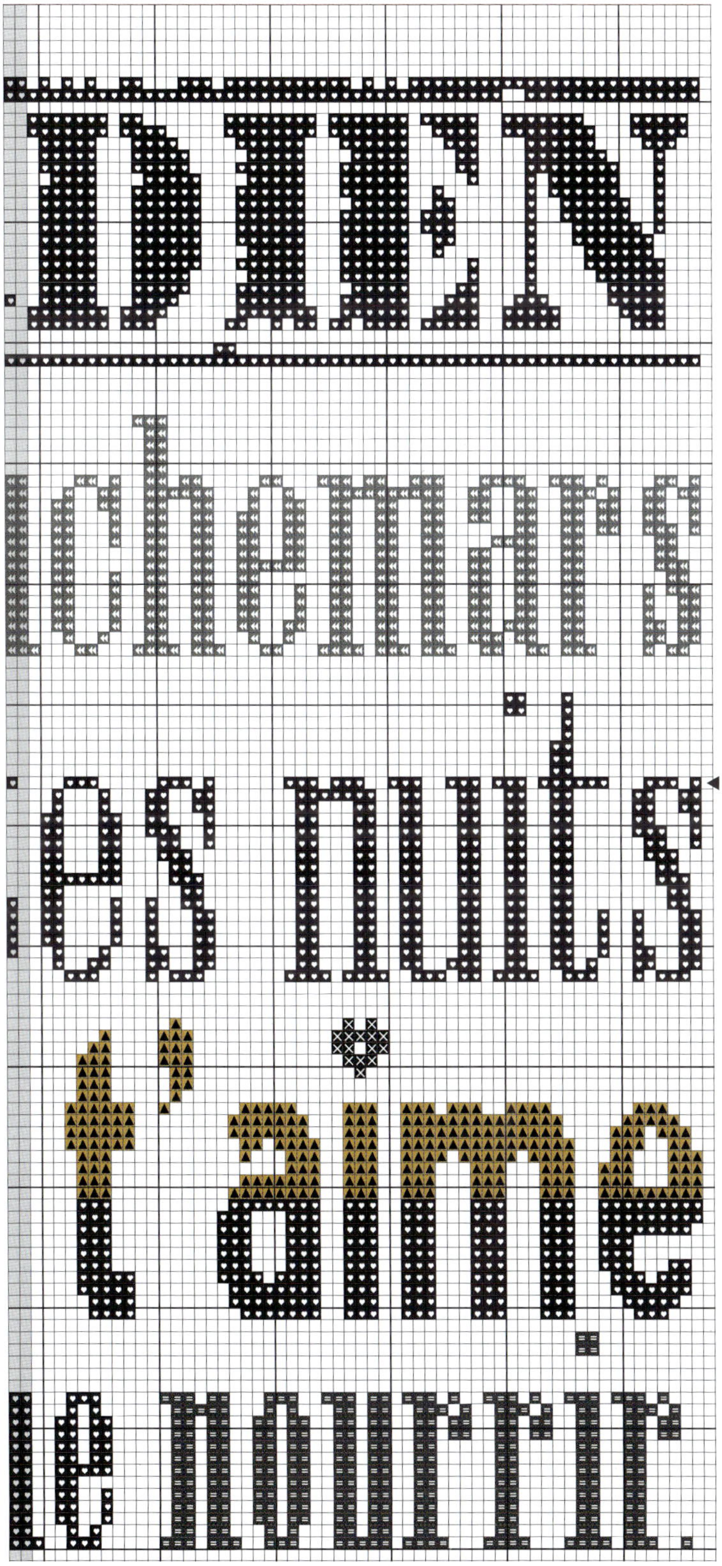
DIEN
chemars
es nuits
t'aime
e nourrir.

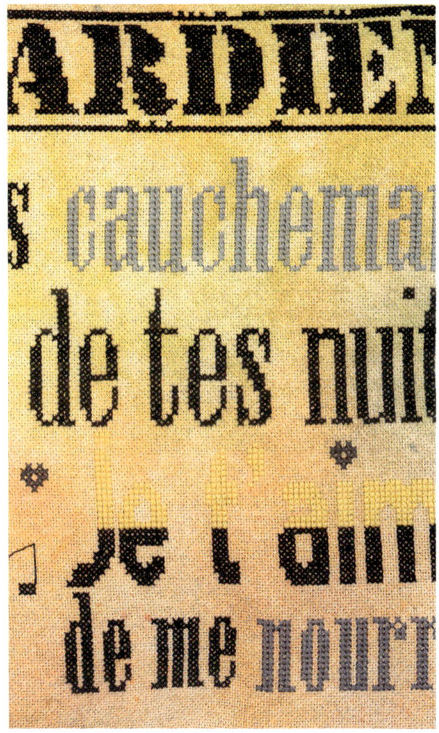
ARDIEN
s cauchemar
de tes nuit
de me nourr

Aurel Migaletas

La vie s'arrête lorsque la peur de l'inconnu
est plus forte que l'élan.
(Hafid Aggoune)

Nous sommes toujours fiers de nos enfants, même si ces derniers ne sont pas tout à fait comme on le souhaiterait : il nous faut composer avec, car après tout, leurs défauts viennent de nous, nous les avons mis au monde ainsi !
Aurel Migaletas est né un peu en avance, par un neigeux après midi de Février 1987, juste après le goûter... je m'en rappelle très bien, car ce jour-là, je l'ai raté ! Il présentait un teint jaunâtre à sa naissance, hurlait des sons que les puéricultrices ne comprenaient pas (les humains n'avaient pas pris note qu'il venait d'une lignée de sorcières), et l'ont ainsi placé sous des lampes bleues pour faire partir le beau jaune qui lui allait si bien... et il criait... criait... des boutons lui poussaient sur tout le visage et le mien également car nous étions fusionnels « dermatologiquement »... mais personne n'avait vu cette malheureuse araignée au plafond de cette maternité qui le regardait d'un sale œil sous ses lampes bleues...
Le pauvre petit en a prolongé son ictère et sa peur des araignées et des insectes n'a jamais pu être soigné !
Il a eu une enfance traumatisante face aux insectes en général, ses cheveux ont mis du temps à pousser car il les perdait à chaque peur d'insectes qu'il voyait, ses yeux étaient souvent rouges de trouille... Bref une adolescence et un apprentissage très difficile de la vie de sorcier au cours desquels nous avons dû nous adapter à son handicap de Trouillard d'insectes (maladie uniquement de mère en fille qui a touché notre fils exceptionnellement)
Depuis... il essaye de se contenir en agitant très vite ses petits bras à la vue d'une petite bête...
Ce n'est pas gagné, je vous le dis et aucune potion ne fonctionne vraiment.

Et maintenant
J'en fais quoi ?

Aurel Migaletas

Dimensions

- *88 × 98 points soit 16 × 17,8 cm sur une étamine à 11 fils au cm*

Fournitures

- *Toile ALBE C1*
- *Fil à broder mouliné DMC : 309 – 963 – 813 – 824 – 906 – 907 904 – 321 – 922 – 918 – Blanc – 310*

Réalisation

Broder le motif sur la toile de lin en utilisant 2 brins de mouliné pour le point de croix sur 2 fils de la toile et 1 brin pour le point arrière.

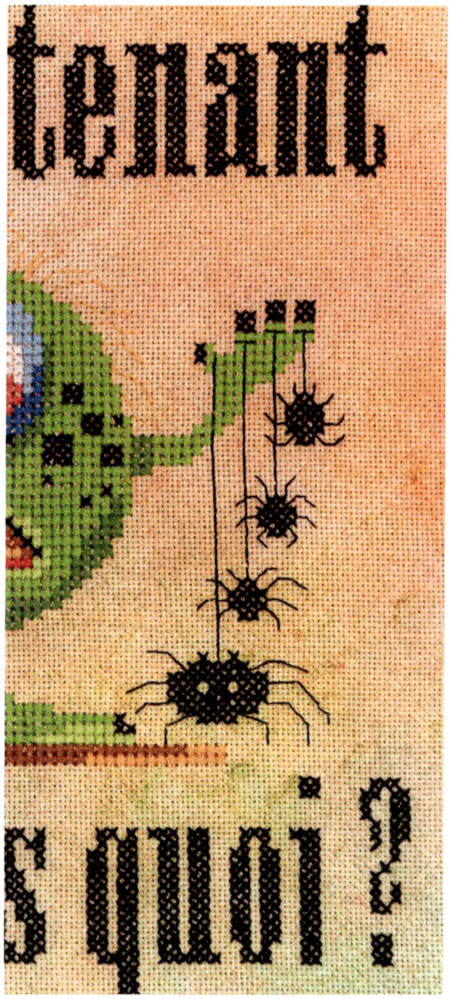

NOMBRE DE POINTS DU MOTIF

88 sur la largeur x 98 sur la hauteur
Dimensions du motif en 5,5 pts/cm :
16 x 17,8 cm

X	PA	DMC
		Blanc
	—	309
	—	310
		918
		813
		824
		906
		907
	—	922
		904
		963
		321

Lola Acidulas

Confisquerie : endroit où sont conservés les bonbons confisqués par les parents.
(Mots et Grumots (2003) de Marc Escayrol)

Je vous présente Lola Acidulas Del Camino, la seule fille que j'ai réussi à avoir après 3 sorciers en première lignée !
Cette petite chose a été conçue en Toscane lors d'un séminaire de balais italien.
Etant d'un âge déjà pas mal avancé, j'ai eu quelques difficultés à aller au bout de ma gestation particulièrement attendue puisque, enfin, une petite sorcière allait naître dans notre lignée !
Elle décida de pointer le bout de son joli nez un beau matin de Février... Ce mois même de la naissance de son frère Aurel, présenté dans ce livre, ce qui nous amena à rester prudents sur ce que ce mois allait nous réserver en lot de défauts de fabrication !
Penser de noter que Février n'est pas un bon mois pour accoucher et donc de rester tranquille à rien faire tous les mois de Mai.
Lola est apparue en boulet de canon, le jour calendaire humain du carnaval : un 25 février !
Nous attendions une toute petite chose toute fragile mini mini... et nous avons eu la surprise de tenir dans nos bras un joli poupon de 4,500 kg !
Ahhhh ben ça change toute la garde robe naissance d'une petite sorcière ça Madame !!!
Le temps d'une formule magique pour élargir le 1 mois ridicule, que notre Lola s'est mise elle aussi à crier crier crierrrr...
Mais nom d'un reptile en bois vernis ! Pourquoi est-ce que tous nos enfants braillent ainsi à la naissance ? La Nôtre avait tout simplement très très faim et vu son poids, cela n'a pas été une partie de rigolade, croyez-moi bien !!!!
Elle a passé les 4 premières années à manger manger manger... Une ogresse !!!!!!!
Quand vient le soir d'Halloween, elle prend toujours son grand chaudron noir et s'en va traumatiser enfants, petites mamies et papis, et même ceux et celles qu'elle ne connaît pas, en quête de bonbons...
Mais Attention ! Pas n'importe lesquels : uniquement les Têtes brulées et soucoupes acidulées de poudre piquante ! Pensez à toujours en avoir chez vous car la petite n'est pas commode et n'accepte rien d'autre sous peine de devenir une vulgaire grenouille verte pour notre marais de cabane !
Papis, Mamies : Il est très dangereux de vous débarrasser de vos bonbons à la menthe : les bonbons à la menthe, c'est comme un courant d'air dans la bouche, vous risqueriez de vous envoler loin très très loin...
Du haut de ses 11 ans de chaudron, l'acidité de ces bonbons lui ont donné une ligne filiforme, ce qui fait que de profil, dans la nuit presque noire d'Halloween, on ne la voit jamais arriver...
Brrrrrr...

Trick or Treat
Bonbecs quoi !

Lola Acidulas

Dimensions

- *88 × 98 points soit 16 × 17,8 cm sur une étamine à 11 fils au cm*

Fournitures

- *Toile ALBE C1*
- *Fil à broder mouliné DMC : 899 – 3843 – 725 – 720 738 – 801 – Blanc – 310*

Réalisation

Broder le motif sur la toile de lin en utilisant 2 brins de mouliné pour le point de croix sur 2 fils de la toile et 1 brin pour le point arrière.

NOMBRE DE POINTS DU MOTIF
88 sur la largeur x 98 sur la hauteur
Dimensions du motif en 5,5 pts/cm :
16 x 17,8 cm

X	PA	DMC
	—	Blanc
		310
	—	801
Y		720
/		725
X		738
		899
S		3843

Vivi Lapellasse

J'ai rêvé d'un livre qu'on ouvrirait
comme on pousse la porte
d'un jardin abandonné.
(Christian Bobin)

Vivi Lapellasse, plus connue sous le doux nom de Nélastic dans le clan des sorcières du Berry, est une amie hors paire et très particulière… une petite savante qui apporte réponse à tous vos soucis ou problèmes quels qu'ils soient !
Vivi : c'est la Reine du savoir, rien n'est impossible ni irréalisable… elle est très respectée et écoutée. De toutes façons, nous n'avons guère le choix car elle seule a le secret de la Pelle !
Le secret de la Pelle ? Qu'est-ce que c'est ? Pour faire court, car je n'ai pas le droit de tout révéler ici non plus, la Pelle est l'outil qui lui a été donné à sa naissance comme totem à Honorer toute sa vie durant de sorcellerie.
Son grand–père, Jean Lapelle à la Tendresse 1er, lui avait offert un petit bout de terre à Bourges (une petite ville du Berry) pour y planter des pelles magiques dont il avait aussi hérité de son père lui-même… Vivi apprit donc à cultiver les pelles dans le plus grand secret de fabrication ancestral et MALHEUR à celui ou celle qui la contrarie, car les pelles la défendent « manches et pioches », et des tours de pelles, croyez moi, ça ne fait pas de bien du tout !
Dans son Jardin Secret, elle fabrique toutes sortes de pelles : des qui rendent belles, des qui défendent, des qui roulent, des spéciales du 18 juin, etc etc… pour toutes sortes d'occasions en fait et même parfois des gratuites et des pas fait exprès…
C'est la seule sorcière que je connaisse qui se déplace partout en Pelle !
Hormis cette drôle d'activité de jardinage, elle tricote des châles magiques et brode aussi, vous la voyez souvent dans les salons et expos, et avec sa pelle, vous la reconnaitrez facilement…
Embrassez-la pour moi surtout ! Dites-lui que Vendeuse d'espoir pense bien à elle !

Pelle oh ma Pelle!
dis moi
que je
suis la
plus
BELLE

Vivi Lapellasse

Dimensions

- 110 × 147 points soit 20 × 26,7 cm sur une étamine à 11 fils au cm

Fournitures

- Toile ALBE C4
- Fil à broder mouliné DMC : 754 – 352 – 349 – 166 – 580 Blanc – 168 – 310 – 433 – 169 – 413

Réalisation

Broder le motif sur la toile de lin en utilisant 2 brins de mouliné pour le point de croix sur 2 fils de la toile et 1 brin pour le point arrière.

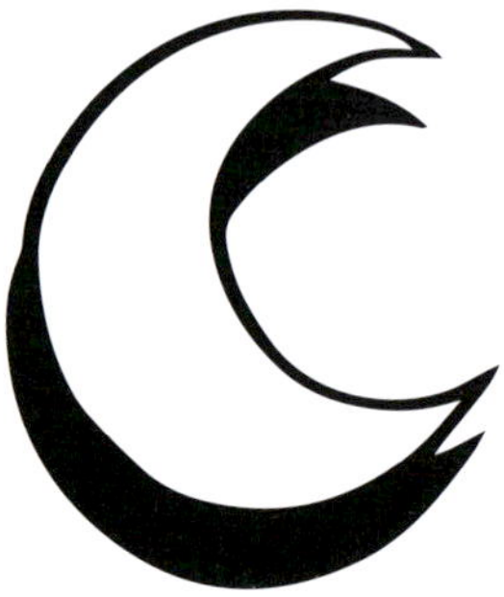

X	PA	DMC
◓	—	Blanc
∩		166
◪		168
Y		169
♥	—	310
◡	—	349
◉		352
○		413
S		433
=		580
3		754

NOMBRE DE POINTS DU MOTIF

110 sur la largeur x 147 sur la hauteur
Dimensions du motif en 5,5 pts/cm :
20 x 26,7 cm

1

Vivi Lapellasse

2

X	PA	DMC
	—	Blanc
∩		166
		168
Y		169
	—	310
	—	349
		352
		413
S		433
=		580
3		754

3

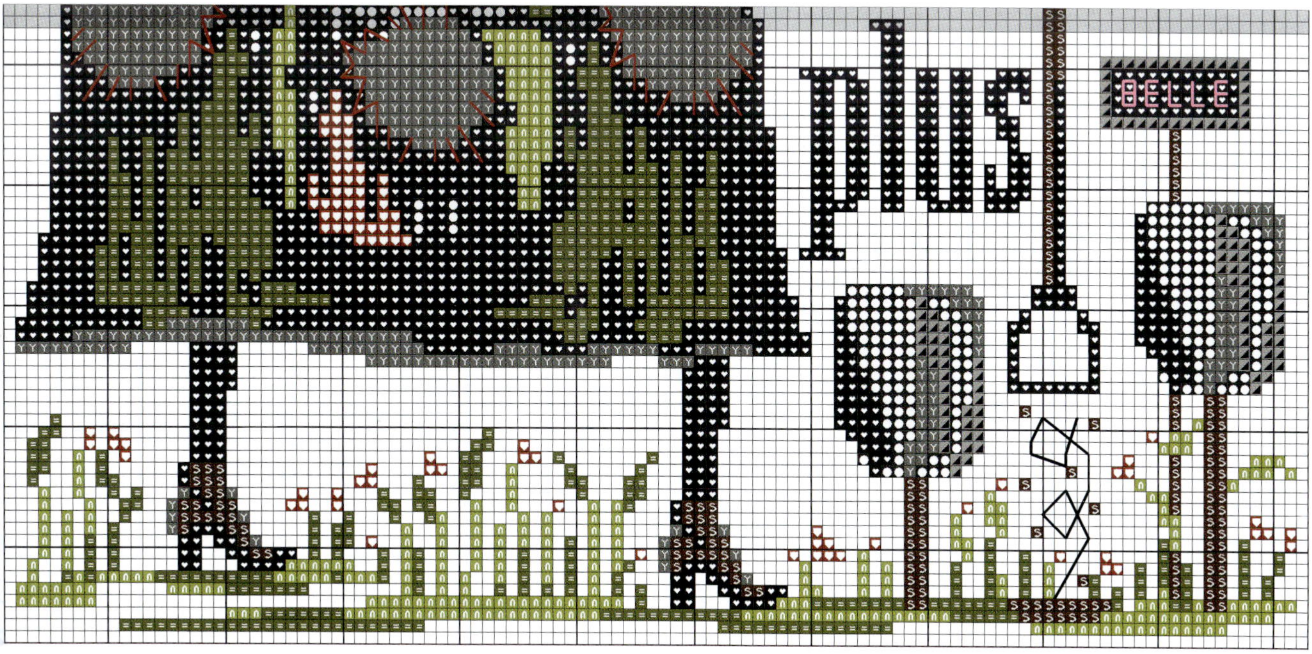

Qu'avec les yeux !

Dans la vie, on ne s'interdit rien,
on s'oblige de ne pas faire.
(Sonia Lahsaini)

Il est souvent difficile d'apprendre à nos enfants humains ou pas, à ne rien toucher dès que l'on rentre dans une boutique ou une officine...
La tentation est humaine, les couleurs souvent ensorcelées appellent les petits enfants à les toucher aussi mais le plus souvent tout est question d'éducation !
Chez nous les sorcières, lorsqu'une apprentie touche sans permission, on lui confisque ses yeux pendant 2 jours, et croyez-moi, elles comprennent très rapidement les panneaux « Ne pas toucher ».
Pour les petits humains qui viennent par curiosité dans nos échoppes, nous ne pouvons garantir le retour de leurs yeux ! Ça ne fonctionne pas toujours très bien le retour d'œil, merci donc de veiller à ce que vos enfants ne touchent à rien dans nos boutiques sans notre permission.
Par contre, si vous voyez ce panneau « Ici on touche avec les yeux », vous avec le droit de tout regarder sans soucis mais qu'avec vos yeux toujours également.
Il est interdit d'emprunter ceux du voisin !
Depuis cette année, il n'est de toutes façons plus très recommandé de toucher à tout, sous peine d'être ensorcelé par le maléfice Covid 19. DES GELS ANTI SORTS sont disponibles dans chaque échoppe pour éviter à vos mains de tout toucher partout. Merci d'en user sans quoi nous serions aussi obligées de vous les confisquer !

ICI on Touche
avec
LES YEUX !!

Qu'avec les yeux !

Dimensions

- 167 × 92 points soit 30,3 × 16,7 cm sur une étamine à 11 fils au cm

Fournitures

- Toile ALBE S3
- Fil à broder mouliné DMC : Blanc – 996 – 310 – 318 783 – 826 – 168 – 762 – 726 – 413 – 3348 – 3346

Réalisation

Broder le motif sur la toile de lin en utilisant 2 brins de mouliné pour le point de croix sur 2 fils de la toile.

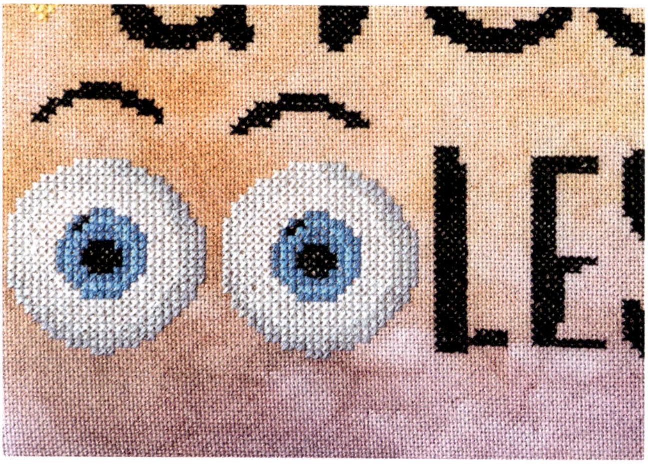

1

X	DMC
◓	Blanc
◪	168
♥	310
Y	318
○	413
3	726
C	783
⌂	762
◎	826
∩	996
⏪	3346
▲	3348

NOMBRE DE POINTS DU MOTIF

167 sur la largeur x 92 sur la hauteur
Dimensions du motif en 5,5 pts/cm :
30,3 x 16,7 cm

Qu'avec les yeux !

2

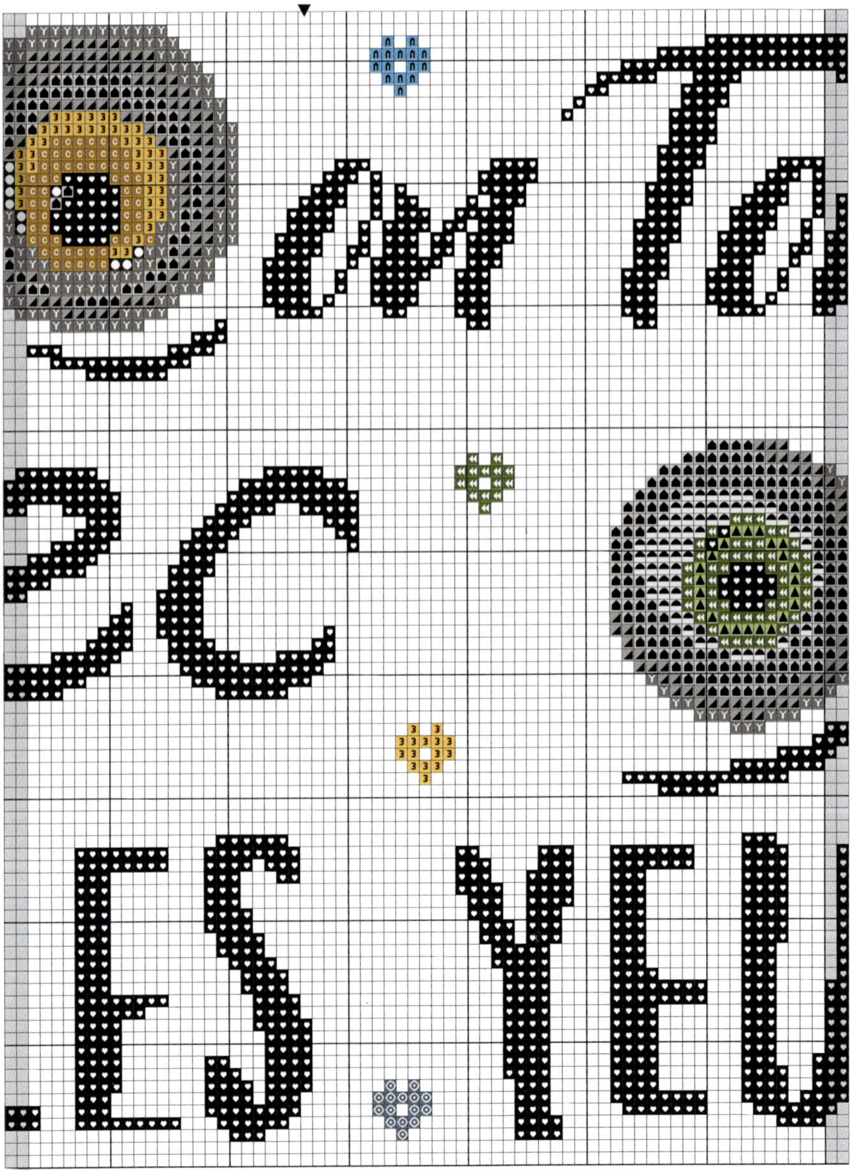

3

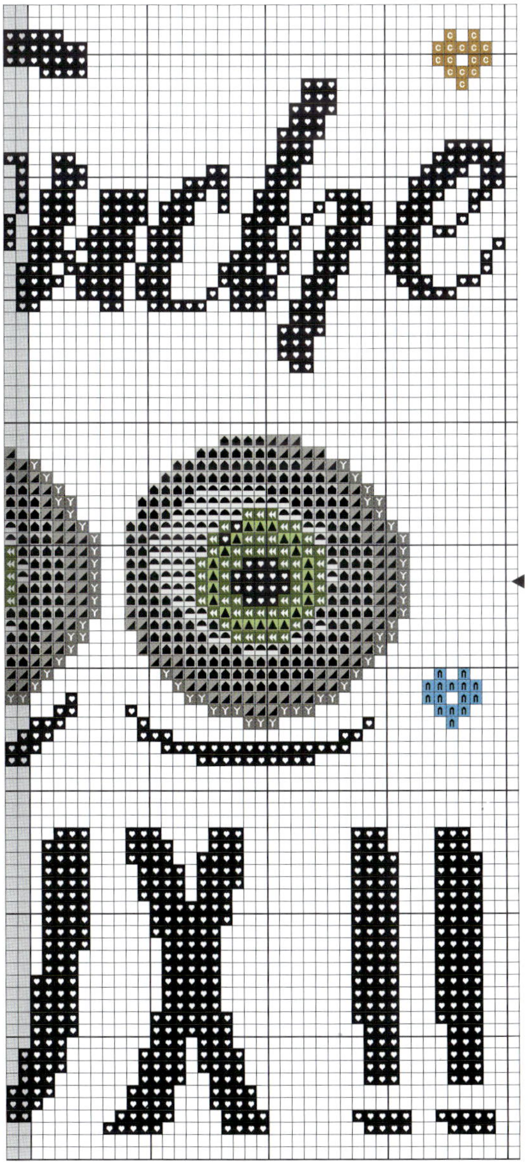

X	DMC
	Blanc
	168
	310
	318
	413
	726
	783
	762
	826
	996
	3346
	3348

Il était une fois

Si on t'a volé ton enfance,
règle son compte au proverbe
qui prête l'or au silence.
(Sylvie Chastain)

Chez nous les sorcières, tous les courriers officiels se font uniquement à la plume.
Ils signent le plus souvent des actes indélébiles, des serments ou des demandes particulières et chaque missive est gardée précieusement dans un coffre tenu secret, car très personnel.
L'écriture se fait à l'encre magique et ne peut être lu que par des sorciers avertis et formés.
On reconnait l'appartenance de chaque plumier à sa feuille d'or délicatement posée, empreinte du temps de nos ancêtres, l'or est aussi le symbole de la pureté.
Dans l'Egypte ancienne, il est associé à Râ, le dieu solaire, et au blé, sources de vie.
Chez les Aztèques, il est l'excrément du dieu Soleil.
Pour les Grecs, il représente la raison et l'immortalité.
Cette plume me sert à écrire essentiellement les prénoms des personnes que je veux protéger... car il n'y a pas que des mauvaises sorcières même si j'en connais beaucoup.

Il était une fois

Dimensions

- *Dessus de boîte : 181 × 38 points soit 32,8 × 6,9 cm sur une étamine à 11 fils au cm*
- *Intérieur de boîte : 172 × 32 points soit 31,2 × 5,8 cm sur une étamine à 11 fils au cm*

Fournitures

- *Toile ALBE S3 : 38 x 12 cm et 37 x 11 cm*
- *Feutrine orange (pour le fond) : 10 × 35 cm*
- *1 boîte en bois (Artémio) : 8,5 × 34 cm (h : 7,5 cm)*
- *Cartonnette d'encadrement aux dimensions de la boîte (intérieur et extérieur)*
- *Feuille d'or, pinceau souple et mixtion*
- *Galon fantaisie : 85 cm*
- *Plumes et plumier*
- *Colle*
- *Fil à broder mouliné DMC : 922 – 470 – 937 722 – 720 – 919 – 935*

Réalisation

Broder le motif sur la toile de lin en utilisant 2 brins de mouliné pour le point de croix sur 2 fils de la toile et 1 brin pour le point arrière.

Montage

Recouvrir chaque cartonnette des pièces brodées et les coller sur les faces intérieur et extérieur de la boîte. Recouvrir le fond de feutrine orange.

Appliquer la feuille d'or au pinceau selon son gré et en s'inspirant de la photo.

Appliquer le galon tout autour de la boîte et installer les plumes et le plumier à l'intérieur de la boîte.

NOMBRE DE POINTS DU MOTIF
172 sur la largeur x 32 sur la hauteur
Dimensions du motif en 5,5 pts/cm :
31,2 x 5,8 cm

Intérieur

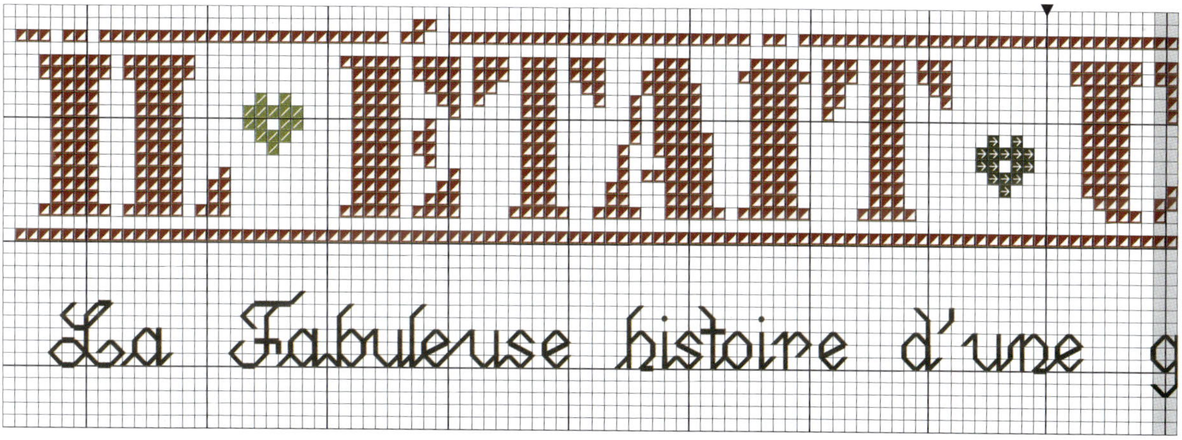

X	PA	DMC
▨		470
◉		722
◩		919
○		922
➔		937
	—	935
Point de noeud		
●		935

Il était une fois

Dessus

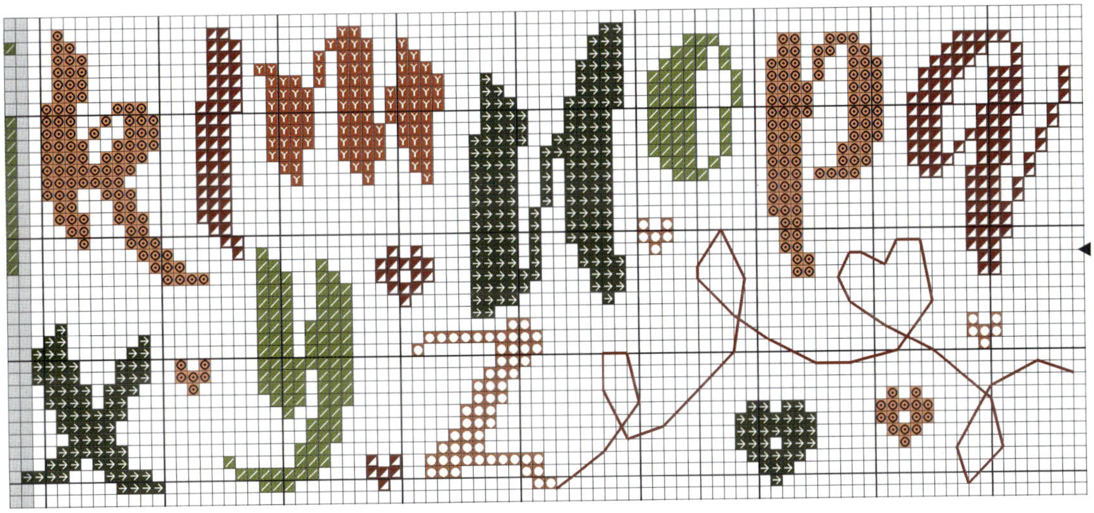

NOMBRE DE POINTS DU MOTIF

181 sur la largeur x 38 sur la hauteur
Dimensions du motif en 5,5 pts/cm :
32,9 x 6,9 cm

X	PA	DMC
		470
		720
		722
	—	919
		922
		937

Secrets de Famille

La vie a ses secrets où nul
ne peut entrer sans y être invité.
(Danielle Doucet)

Toutes les familles ont des secrets...
Chez nous les Sorcières de mère en fille, nous les plaçons
dans des boîtes inter-générationnelles : lettres, photos, objets
maléfiques ou bienveillants, cheveux, bagues, dents, poils...
notre vide-poche familial à nous en quelque sorte...
Toutes les boîtes familiales ne sont pas forcément bonnes à ouvrir :
certaines font pleurer durant toute une vie, d'autres vous apportent
de la colère, de la joie, des retrouvailles, des rumeurs ou des non dits
et des « on ne saura jamais »... La nôtre est un mélange de tout ça
et chacune y retrouve un morceau du puzzle de nos vies respectives.
Tout le monde devrait avoir une boîte « Secrets de famille », même
pour dire je t'aime si on ne le dit justement jamais ou si peu...
Celui ou celle qui la trouvera aura toujours plaisir (ou pas) à connaître
d'où il vient et ce qu'il est important de conserver ou de partager dans sa vie.
Certains préfèreront l'héritage financier à une simple boîte de souvenirs...
Seules les âmes pures sauront choisir ce qui est bien pour elles...
Les trésors ne sont pas forcément là où on pense qu'ils sont.
Lorsque je ne serai plus, je sais que cette boîte aura son importance
pour qui saura y regarder et la trouver...

SECRETS DE FAMILLE
Chut !
Chut
Chut

Secrets de Famille

Dimensions

- 98 × 98 points soit 17,8 × 17,8 cm sur une étamine à 11 fils au cm

Fournitures

- Toile ALBE C1
- 1 boîte en bois peinte en noir : 23 × 23 cm (h : 11 cm)
- Cartonnette d'encadrement : 20 × 20 cm
- Molleton fin : 20 × 20 cm
- Tissu noir et blanc ajouré : 23 × 23 cm
- Colle
- Fil à broder mouliné DMC : Blanc – 310 – 321

Réalisation

Broder le motif sur la toile de lin en utilisant 2 brins de mouliné pour le point de croix sur 2 fils de la toile.

Montage

Coller la pièce de tissu noir et blanc sur le couvercle de la boîte.

Recouvrir la cartonnette de molleton, puis de la pièce brodée. Coller l'ensemble sur le couvercle.

X	DMC
◓	Blanc
♥	310
Z	321

NOMBRE DE POINTS DU MOTIF

98 sur la largeur x 98 sur la hauteur
Dimensions du motif en 5,5 pts/cm :
17,8 x 17,8 cm

Chauve qui peut...

Le monde est un terrain de jeu,
tous les enfants savent ça, mais on finit
par l'oublier en grandissant.
(Film Yes Man)

Ceci est un jeu de Morpius Horribilus auquel nous jouons en famille chaque soir de pleine lune, en donnant des gages horribles aux perdants.
La règle est simple :
Le but du jeu est d'aligner avant son adversaire 3 symboles identiques horizontalement, verticalement ou en diagonale.
Chaque joueur a donc son propre symbole, une citrouille pour l'un et une chauve-souris pour l'autre. La partie se termine quand l'un des joueurs a aligné 3 symboles ou lorsque la grille est complétée sans vainqueur. Il y a alors égalité.
Je suis très mauvaise joueuse à ce jeu, il me stresse car il se termine trop rapidement, souvent très mal pour moi car je me retrouve avec des gages comme faire le tour des cabanes en balai sauteur, ou laisser 5 minutes mes pieds dans la mare aux grenouilles, ou le pire manger du caramel dur en essayant de ne pas y laisser mes dents...
Je n'aime pas les pleines lunes pour ces raisons, je fais la risée de tout mon clan mais le jour où je gagnerai... mes sortilèges seront terriblessssssssss !
Vous pouvez remplacer les boutons par des insectes (l'équipe Cafards contre l'équipe Mygale), c'est encore plus horrible et on aime ça nous les sorcières !
Les boutons, ce n'est pas très digeste en fait ! ?

Morpius
Horribilus

Chauve qui peut...

Dimensions

- Couvercle de boîte 116 × 82 points soit : 21 × 14,9 cm sur une étamine à 11 fils au cm

Fournitures

- Toile ALBE S3 : 50 x 60 cm
- Feutrine (Cinnamon Patch) : 2 feuilles de 30 x 45 cm Noir, réf. 050 et 1 feuille de 30 x 45 cm Céladon givré réf. 034
- Jeffytex rigide : 50 x 60 cm
- Ruban 0,5 cm de large : 20 cm
- Boutons décoratifs (Auvergne Laser)
- Fil à broder mouliné DMC : Blanc – 310 3799 – 168 – 721 – 726 – 972

COUVERCLE : 25 X 18 X 2,5 CM (H)

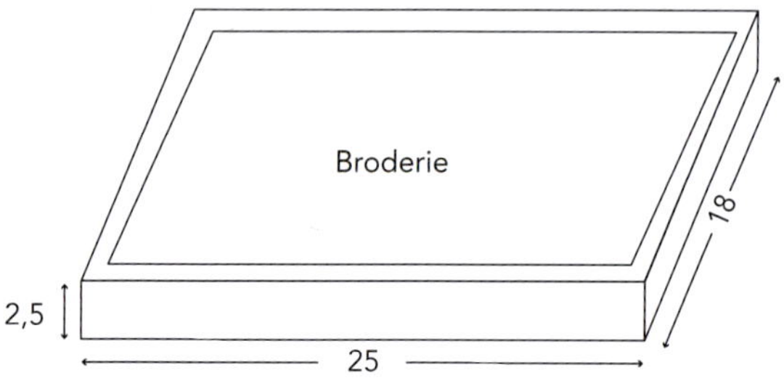

Coupe

Dans la toile ALBE : 6 x 31 cm (3 cm de marge de couture comprise)

Dans la feutrine Noir :

- 2 bandes de 6 x 27 cm (bords couvercle)
- 2 bandes de 6 x 20 cm (bords couvercle)
- 21 x 28 cm (intérieur).

Dans le Jeffytex :

- 2 bandes de 2,5 x 24 cm (bords couvercle)
- 2 bandes de 2,5 x 17 cm (bords couvercle)
- 17 x 24 cm (intérieur).

Réalisation

Centrer le motif sur la toile et broder selon la grille.

Sur l'endroit de la toile, tracer le tour de la broderie à 3 cm des bords pour obtenir 1 rectangle de 18 x 25 cm.

Sur les bords longs, placer les pièces en feutrine de 27 cm et sur les bords courts, celles de 20 cm.

Coudre la feutrine à la machine en laissant 1 cm non cousu à chaque extrémité.

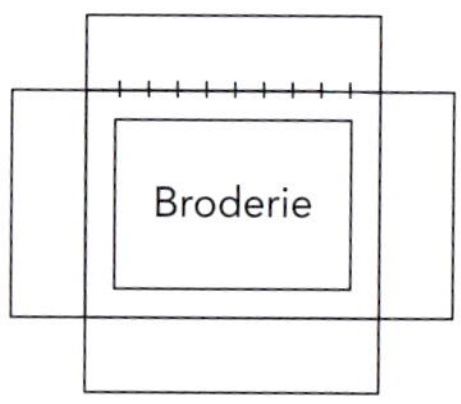

Sur l'envers de l'ensemble obtenu, poser les bandes de Jeffytex sur les pièces en feutrine. Fixer le Jeffytex par un point de feston et rabattre la feutrine sur l'intérieur du couvercle.

Assembler les angles proprement et les fixer à points cachés.

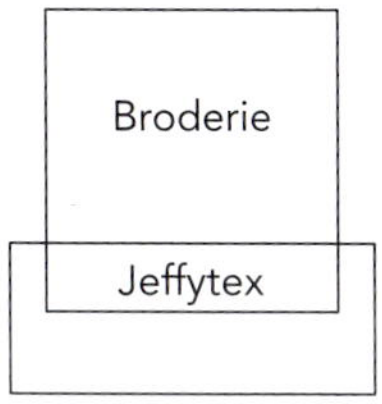

Placer la pièce de feutrine de 21 x 28 cm à l'intérieur du couvercle. Coudre à points cachés.

CASIERS : 6 X 8 X 6 CM (H)

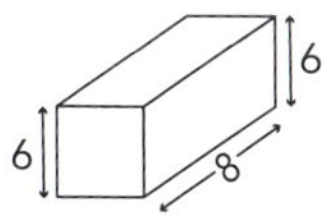

Coupe

Dans la feutrine Noir : 2 bandes de 15 x 30 cm

Dans le Jeffytex :

- 4 fois 6 x 6 cm
- 4 fois 8 x 6 cm.

Réalisation

Sur une bande de feutrine, placer les pièces de Jeffytex selon le schéma 5 et les fixer au point de feston sur le haut.

Assembler les 2 petits côtés de la bande de feutrine à 0,5 cm des bords.

Plier la feutrine sur le Jeffytex selon le schéma 5 (page 123). Fixer le rabat à points cachés.

Réaliser un 2e casier de la même façon.

PLATEAU INTÉRIEUR : 15,5 X 15,5 CM

Coupe

Dans la toile ALBE : 19 x 19 cm

Dans le ruban : 2 fois 10 cm

Dans la feutrine Noir : 15,5 x 15,5 cm

Dans le Jeffytex : 15,5 x 15,5 cm

Réalisation

Centrer le motif sur la toile et broder selon la grille.

Sur l'endroit de la toile, tracer un carré de 15,5 x 15,5 cm. Plier sur les traits.
Placer la feutrine au dos de la broderie.

Placer les 2 morceaux de ruban pliés en 2 au milieu de 2 côtés en vis-à-vis et coudre à 2 mm des bords.

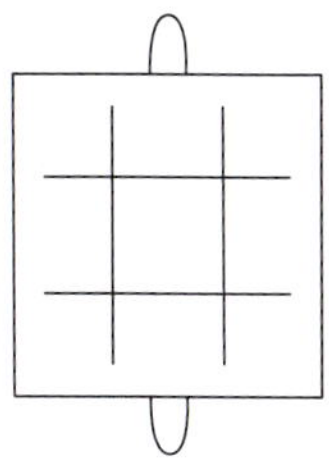

Chauve qui peut...

CORPS DE LA BOÎTE : 24 X 17 X 7 CM (H)

Coupe

Dans la feutrine Céladon givré : 2 bandes de 16 x 45 cm (tour de la boîte)

Dans la feutrine Noir : 19 x 26 cm (fond extérieur)

Dans la toile : 22 x 29 cm (fond intérieur)

Dans le Jeffytex :

- 2 fois 7 x 23,5 cm (côtés)
- 2 fois 7 x 16,5 cm (côtés)
- 1 fois 17 x 24 cm (fond).

Réalisation

Fond

Sur l'endroit de la toile, tracer 1 rectangle de 17 x 24 cm. Plier la toile sur le tracé et rabattre sur l'envers. Sur l'envers de la toile, placer le Jeffytex et la feutrine Noir 19 x 26 cm. Piquer tout le tour.

Tour

Assembler les pièces de feutrine de 16 x 45 cm par le petit côté. Procéder selon le schéma 5 (voir page 123).

Placer le Jeffytex et rabattre la feutrine. Fixer le fond côté feutrine à l'extérieur. Positionner les casiers et le plateau.

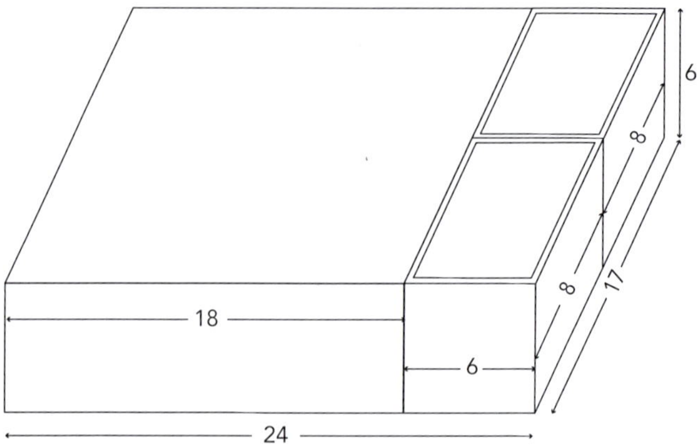

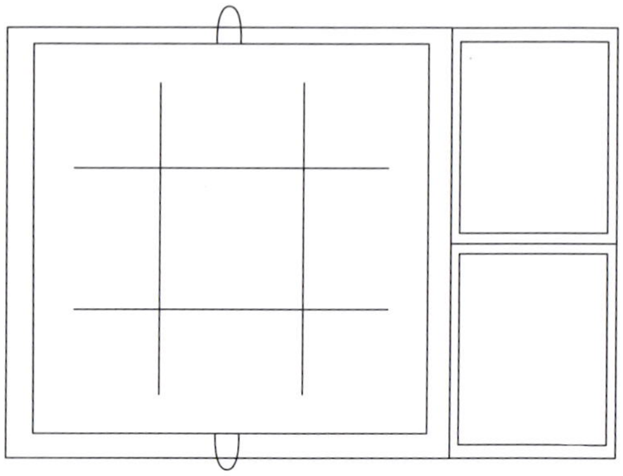

Schéma 5

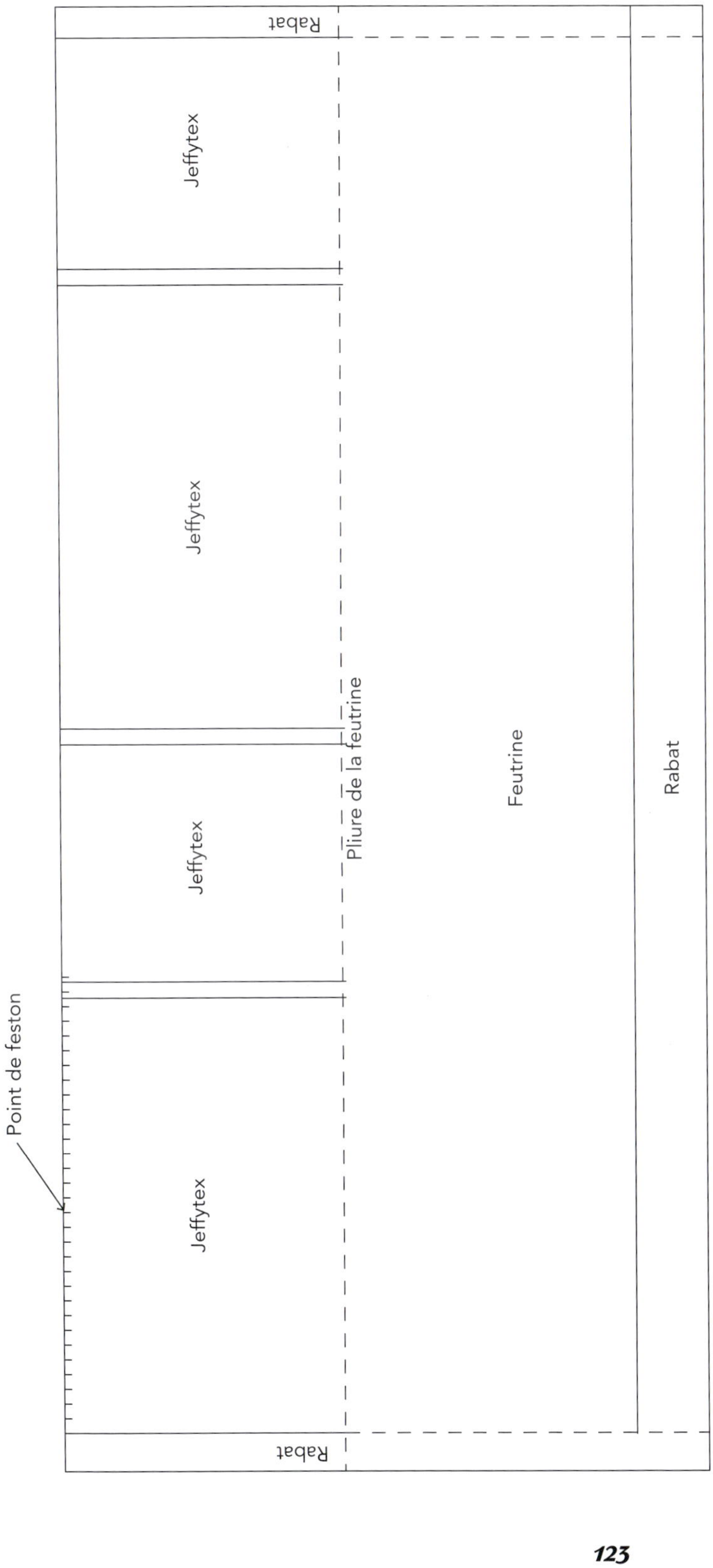
Rabat
Jeffytex
Jeffytex
Jeffytex
Jeffytex
Pliure de la feutrine
Feutrine
Rabat
Point de feston
Rabat

Chauve qui peut...

Plateau et Interieur

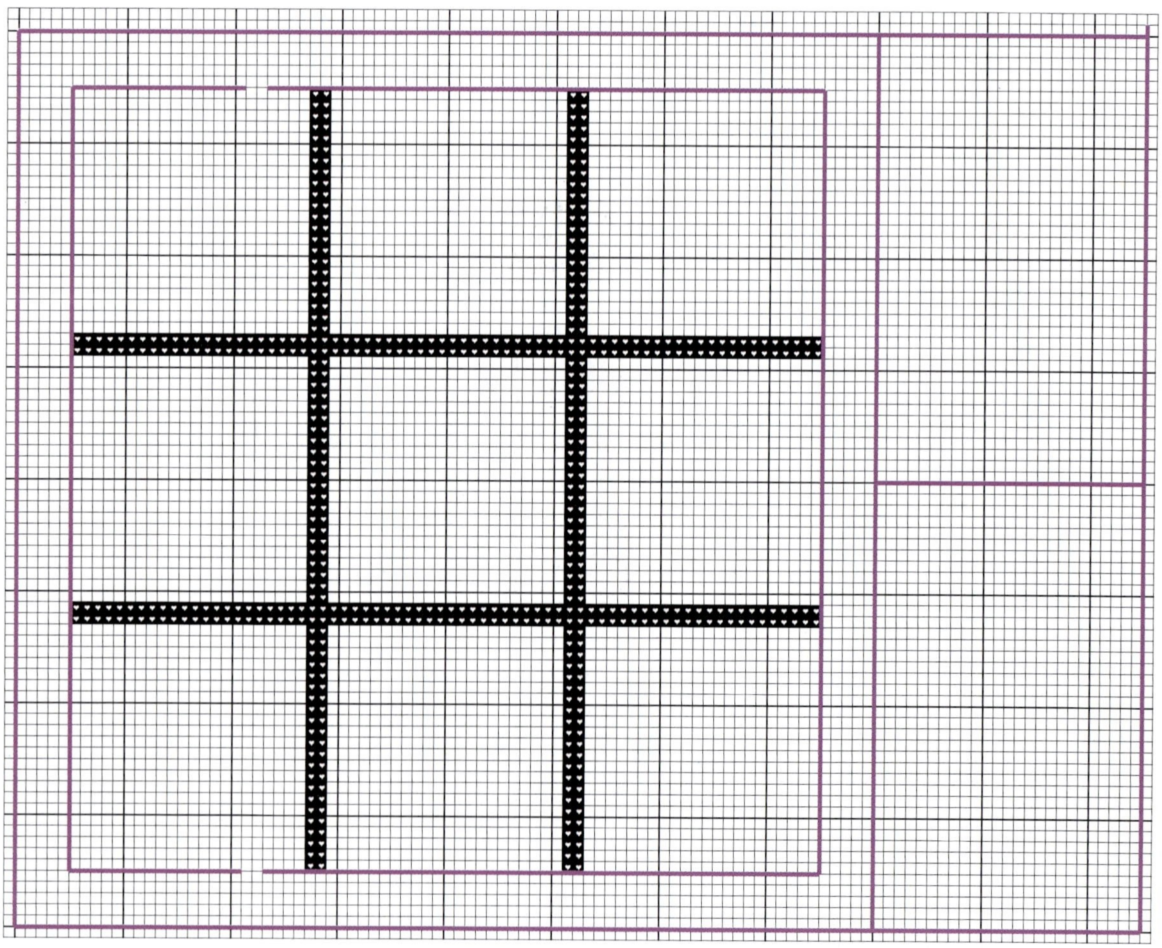

X	DMC
♥	3371

—— gabarit de l'intérieur de la boîte

Couvercle

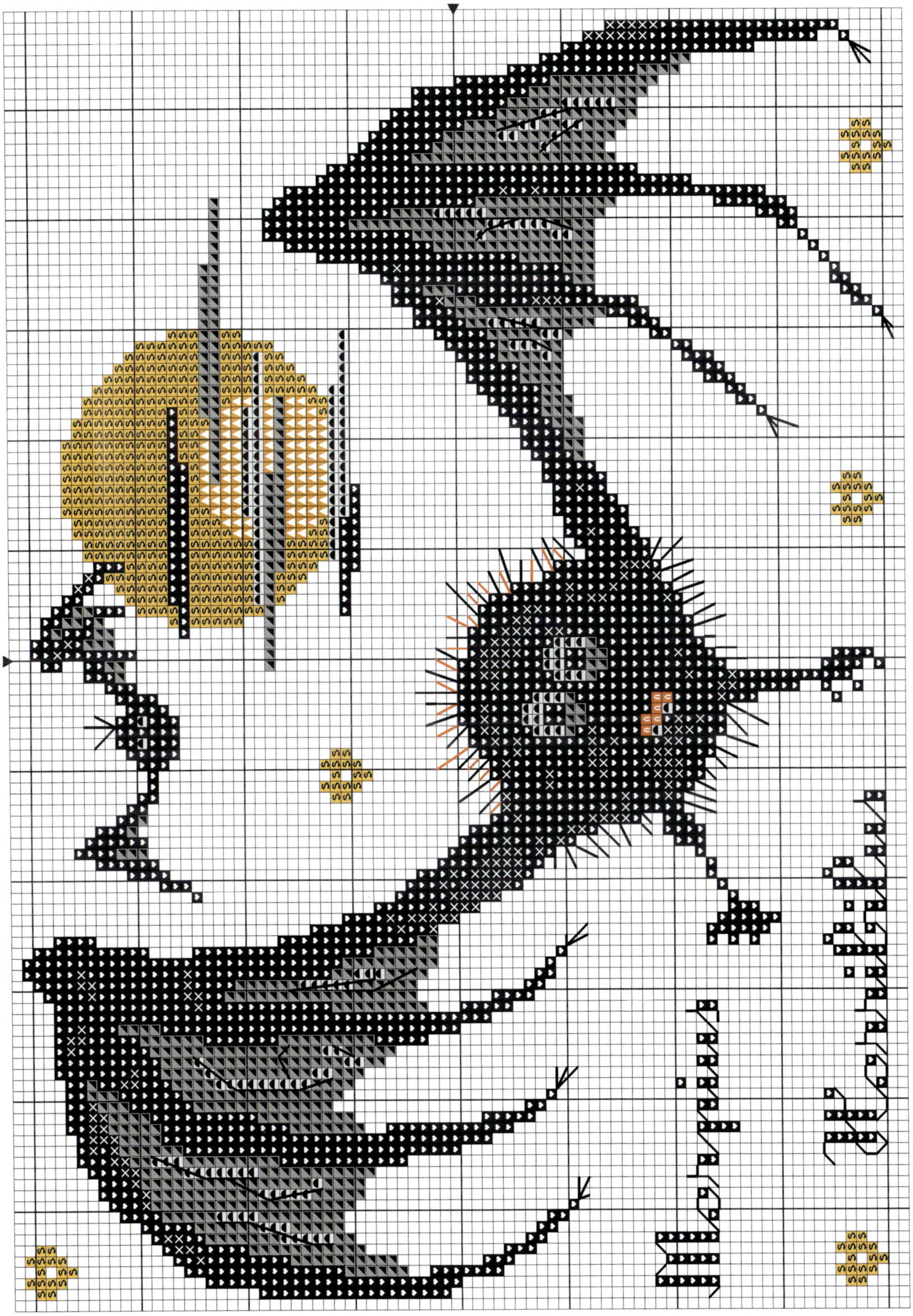

NOMBRE DE POINTS DU MOTIF
128 sur la largeur x 176 sur la hauteur
Dimensions du motif en 8 pts/cm :
16 x 22 cm

X	PA	DMC
		Blanc
		168
	—	310
	—	721
S		726
		972
		3799

Remerciements

Merci à Viviane Rousset de m'avoir permis d'aborder le thème d'Halloween et me laisser m'exprimer à travers mes petites croix au fil de mes livres et à Evelyne pour la maquette de ce livre.

À mon Terrible époux Jean-Michel qui peint magiquement bien ses Toiles avec ses pinceaux magiques, merci d'avoir partagé ses pages et modèles ensemble.

À mes quatre petits monstres : **Julien, Aurélien, Alexandre et Lola** : que j'adore au-delà de toute la magie et filtre d'amour que j'ai dans mon cœur pour vous.

À mes 2 petites filles avec toute ma tendresse : **Jade** et « **Bretzelette** » qui arrive bientôt, qu'elles sachent que leur mamie Isa est une gentille sorcière qui les protègera de tous les mauvais coups de la vie et ce, toute ma vie durant et même si je suis loin.

À mes parents **Cosette et Roger**, merci de cet héritage grain de folie que je trimballe depuis des années et qui ne va pas en s'améliorant. Merci à toi Sorcière Cosette de sortir avec moi chaque 31 Octobre, nous améliorons nos potions chaque année ☺.

À Marc mon beau-père, ce monstre qui coupe les mains chaque nuit d'Halloween au Château !

Merci énorme aux petites mains pustulantes de ma prison dorée qui m'ont aidée à broder pour cet ouvrage : Dominique Roubault, Sylvie Petagna, Frédérique Ville, Noëlle Proust, Patricia Mandin, Martine Dimicolis, Florence François et Germaine Aubert.

Merci aux photographes chasseurs de sorcières : Monique M., Patrice R. et Sofroi de notre club photo l'île Ø Photo pour les clichés en direct de nos folles nuits d'Halloween sur notre île.

Merci à mes ami(e)s de croix, de salons, d'expos mais aussi de Facebook.

À vous tous et toutes, qui avez ce livre en main, qui avez peut être souri ou reconnu un proche, je vous souhaite de merveilleuses croix d'Halloween et le plaisir de vous rencontrer très vite en Chair et en Os.

Isabelle Haccourt Vautier

Merci à Viviane Rousset et à ses équipes éditoriales pour leur accueil, leur soutien et leur enthousiasme à l'idée de ce livre.

Un premier livre pour ce qui me concerne n'est pas chose anodine : je me limite aux toiles peintes, Isabelle assure avec brio comme d'habitude les modèles et avec malice les textes !

Quel duo épique : faire ce livre sur le thème d'Halloween avec ma sorcière bien aimée fut un réel moment de bonheur partagé.

Précisons de suite qu'Isabelle fait sorcière pour de vrai, bien mieux que moi, bien que je connaisse un homme qui le soir de ce jour obscur, se balade une hache plantée dans le dos... !

Merci également à nos 4 enfants et à mes beaux parents qui vous apparaîtront dans ce livre sous un jour bien singulier !

Un énorme merci à celles qui nous ont aidées à broder pour cet ouvrage, merci également à nos amis/amies de croix, de salons, d'expos et de réseaux sociaux.

Merci à tous et toutes, bonnes petites croix, en espérant que ces modèles vous inspireront bien des idées maléfiques et de sombres délires en ce jour d'Halloween.

JeanMi « A la Belle & Toiles »

les éditions de saxe
13, rue Jules Verne
CS 40205 - 69630 Chaponost
www.edisaxe.com

Créations : Isabelle HACCOURT VAUTIER & " À la Belle & Toiles "
Photos : Benoît MARION et Viviane ROUSSET
Explications et dessins techniques : Evelyne NOBRE
Mise en page : Evelyne NOBRE

PETIT GRIMOIRE À BRODER AU POINT DE CROIX
MLAB339 - ISBN : 978-2-7565-3541-8
Impression Europe
Dépôt légal : à parution